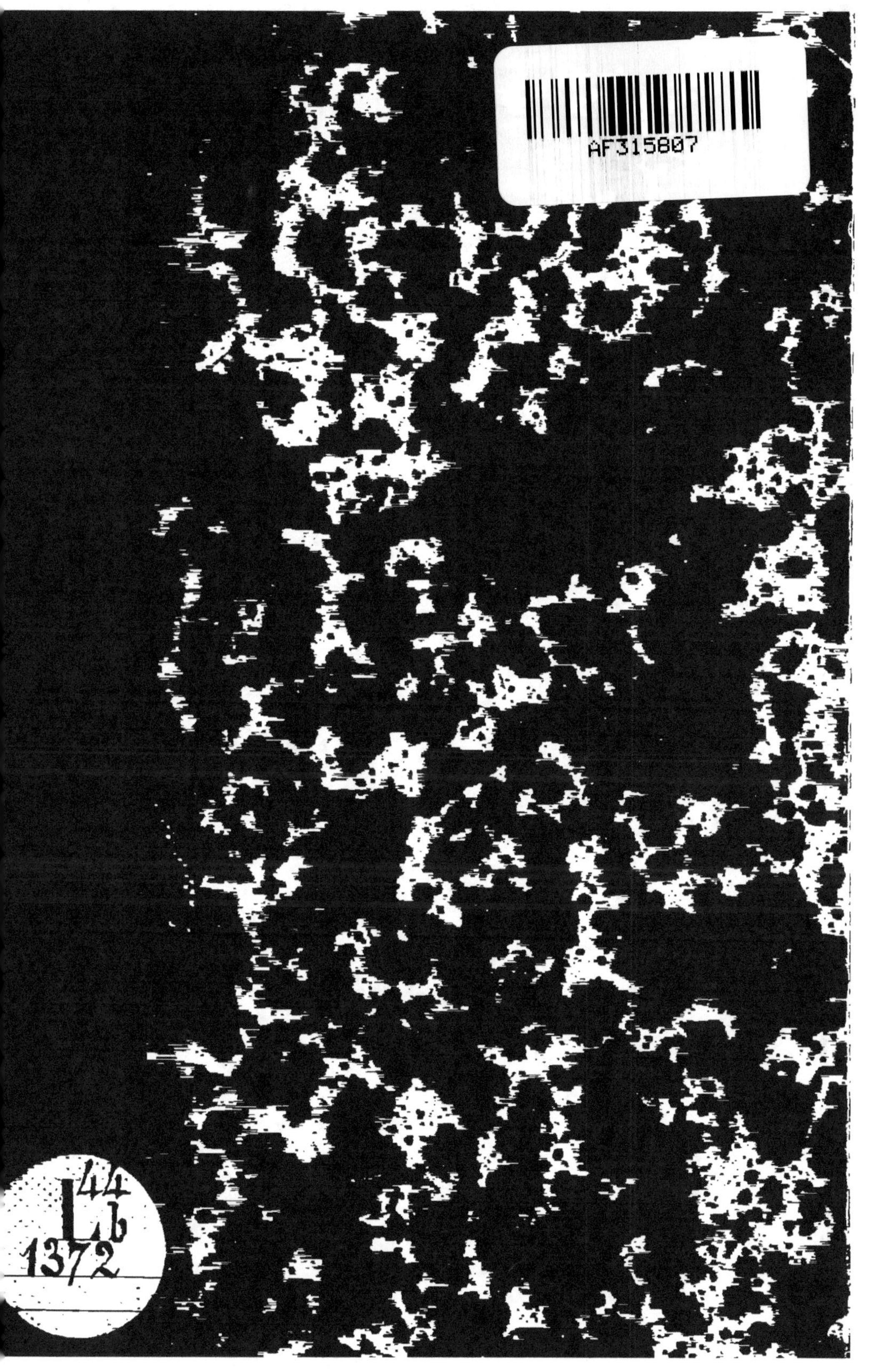
AF315807

LES

BONAPARTE.

IMPRIMERIE DE G. STAPLEAUX.

LES
BONAPARTE.

CORRESPONDANCE
DU ROI JOSEPH AVEC NAPOLÉON.

PAR

Théodore Juste.

BRUXELLES.

MELINE, CANS ET Ce, LIBRAIRES-ÉDITEURS.

| LIVOURNE. | LEIPZIG. |
| MÊME MAISON. | J. P. MELINE. |

1855

LES BONAPARTE [1].

I

Les *Mémoires du roi Joseph*, publiés par M. Ducasse, aide de camp de S. A. I. le prince Jérôme Bonaparte, ont excité une grande et légitime sensation. Ce qu'on y a cherché tout d'abord, c'est Napoléon Ier peint par lui-même dans sa correspondance intime avec son frère. Là est l'intérêt saisissant de cette importante et vaste publication (2). La grande figure de l'Empereur domine tout le recueil : Napoléon Ier semble revivre dans les

---

(1) Ce travail, qui a d'abord été publié par *l'Indépendance belge*, est reproduit ici avec d'importantes additions.

(2) Les *Mémoires et Correspondance du roi Joseph* forment dix volumes grand in-8°.

dépêches adressées à son frère Joseph, — lettres tantôt brûlantes d'énergie ou impératives comme des ordres inflexibles, et tantôt hachées par une humeur impatiente et brusque. Riches en documents et en révélations sur la politique napoléonienne, les Mémoires du roi Joseph viennent compléter les mémoriaux et souvenirs de Sainte-Hélène, et ajouter des renseignements encore nouveaux aux différentes histoires du Consulat et de l'Empire, même au grand ouvrage de M. Thiers, bien que cet historien ait eu à sa disposition les papiers les plus secrets du Louvre.

Les documents publiés par M. Ducasse ont une authenticité incontestable : ils ont été mis à la disposition de l'éditeur par Joseph-Napoléon Bonaparte, prince de Musignano, petit-fils aîné de l'ancien roi de Naples et d'Espagne.

Le premier volume contient un fragment historique écrit par le roi Joseph en 1830, dans sa paisible et opulente résidence des États-Unis. C'est une espèce d'autobiographie qui remonte à l'origine des Bonaparte, et que le narrateur interrompt brusquement à l'époque où il fut appelé au trône de Naples. Le roi Joseph, qui avait pour son frère une vive affection et une sorte de culte pour sa mémoire, n'a pas voulu, ce semble, révéler lui-même combien ses vues étaient peu d'accord avec celles de Napoléon sur la manière de gouverner les Napolitains, et particulièrement sur la guerre d'Espagne, guerre non-seulement cruelle et impolitique, mais encore fatale, sans contredit, car elle prépara certainement la chute du premier Empire,

Abstraction faite du fragment historique écrit par le roi Joseph, le recueil se compose des pièces, rapports, lettres et notes de la correspondance, distribués dans un ordre méthodique et enrichis de commentaires et de notices, souvent remarquables, dus à la plume de l'éditeur. Pour que l'on puisse apprécier sûrement l'importance et la nouveauté de ce recueil, ajoutons qu'il renferme 800 lettres inédites de Napoléon Ier, 1,200 du roi Joseph et 500 d'autres personnages qui, pour la plupart, jouèrent un grand rôle dans l'épopée impériale.

Il est sans doute inutile de refaire ici la biographie du roi Joseph. Tout le monde sait comment Napoléon associa son frère aîné à sa puissance ; mais ce qu'on ignore peut-être, c'est que Joseph, à chaque degré qu'il franchissait dans la carrière des grandeurs, imposait à ses goûts et à son caractère un sacrifice réel. On a dit, avec vérité, que l'ambition n'eut jamais accès dans son âme. Nommé président de la Cisalpine en 1802, il écrivait à Murat : « Le bonheur est une chose relative, que chacun trouve où il croit le trouver, quand la possession ne le trompe pas. Quant à moi, je l'ai trouvé, autant que possible, dans ma vie privée, les affections douces de ma famille et les occupations non tumultueuses de la campagne. » De même il écrivait à sa femme Julie Clary : « La nature m'a fait sans ambition ; *accepter la grandeur est une grande vertu dans moi.* »

Passons rapidement sur l'enfance, l'adolescence et les premières années de la carrière militaire de Napoléon. C'est seulement en 1795 que sa correspondance commence à devenir réellement intéressante. Général d'artillerie, il se trouvait à Paris, étudiait les événements et attendait, en quelque sorte, sa destinée. Voici quelques extraits des lettres qu'il écrivait à son frère, qui, de son côté, s'était rendu en Italie où il espérait obtenir un consulat, le *nec plus ultrà* de son ambition.

9 août 1795. — « ... Sois très-insouciant sur l'avenir,

très-content du présent, gai ; et apprends un peu à l'amuser. Moi, je suis satisfait ; il ne me manque que de pouvoir me trouver à quelque combat ; il faut que le guerrier arrache des lauriers ou meure au lit de gloire...» — 12 août. « ... Tout me fait braver le sort et le destin ; et si cela continue, mon ami, *je finirai par ne pas me détourner lorsque passe une voiture*. Ma raison en est quelquefois étonnée, mais c'est la pente que le spectacle moral de ce pays et l'habitude des hasards ont produite sur moi... »

Le 20 août, Napoléon annonce à son frère qu'il est attaché au bureau topographique du comité de Salut public pour la direction des armées, à la place de Carnot ; sa position s'améliore ; il va avoir trois chevaux, ce qui lui permettra, dit-il, de courir un peu en cabriolet et de pouvoir faire toutes ses affaires. — 6 septembre : « ... Tu ne dois avoir, quelque chose qui arrive, rien à craindre pour moi ; j'ai pour amis tous les gens de bien, de quelque parti ou opinion qu'ils soient... *Tu le sais, mon ami, je ne vis que pour le plaisir que je fais aux miens ;* si mes espérances sont secondées par ce bonheur qui ne m'abandonne jamais dans mes entreprises, je pourrai vous rendre heureux et remplir vos désirs... »

Les journées de vendémiaire ont mis enfin le général Bonaparte en évidence. Il adresse à son frère un récit très-simple et très-concis du combat, et termine par cette phrase caractéristique : «Comme à mon ordinaire, je ne suis nullement blessé. *Le bonheur est pour moi.* » En effet, le 8 octobre 1795, il informe son frère qu'il est général de division dans l'arme de l'artillerie, commandant en second l'armée de l'intérieur. « *Tout va bien,* » ajoute-t-il encore.

— 5 —

Tout va bien non-seulement, pour le jeune général,
mais aussi pour sa famille. Il mande à Joseph, 11 janvier 1796 : « Je suis heureux et content. J'ai envoyé
à la famille 50 à 60,000 francs, argent, assignats,
chiffons; n'aie donc aucune inquiétude... » — 7 février :
« ... La famille ne manque de rien ; je lui ai envoyé
tout ce qui peut lui être nécessaire... »

Napoléon Bonaparte, s'élevant toujours, devient sous
le Directoire général en chef en Italie, et son frère Joseph,
qui n'aspirait naguère qu'à un emploi de consul en Italie, est nommé ambassadeur de la République française
à Rome. Mais, pour cette période, nous ne trouvons à
signaler qu'un récit très-remarquable, adressé par Joseph
à Talleyrand, ministre des relations extérieures, sur l'é-
meute qui avait éclaté à Rome, le 30 décembre 1797,
et coûté la vie au général de brigade Duphot.

Suivons Napoléon Bonaparte en Égypte, et citons,
comme un document des plus curieux, la lettre suivante, datée du Caire, le 25 juillet 1798 :

« Tu verras dans les papiers publics le résultat des
batailles et la conquête de l'Égypte, qui a été assez dis-
putée pour ajouter une feuille à la gloire militaire de
cette armée. L'Égypte est le pays le plus riche en blé,
riz, légumes, viande, qui existe sur la terre. La barbarie
y est à son comble. Il n'y a point d'argent, pas même
pour solder les troupes. Je puis être en France dans deux
mois. Je te recommande mes intérêts. *J'ai beaucoup de
chagrins domestiques...* Ton amitié m'est bien chère :
il ne me reste plus, pour devenir misanthrope, qu'à la
perdre et te voir me trahir. *C'est une triste position
d'avoir à la fois tous les sentiments pour une même personne dans un seul cœur.* »

Cet accès de mélancolie a naturellement frappé l'attention. Quel sens avait-il? Que voulait dire le jeune héros qui s'était déjà immortalisé dans les plaines de l'Italie et sur le théâtre où était mort Pompée et où Jules César avait consolidé sa puissance? Bien que l'éditeur ait cru devoir laisser une lacune dans le passage transcrit ci-dessus, il n'a pas été difficile de l'expliquer. « Bonaparte, a-t-on dit, avait uni son sort à celui d'une femme pleine d'esprit et de grâces, qui répandait autour d'elle d'irrésistibles séductions, et le démon de la jalousie tourmentait, au milieu de ses victoires, le conquérant de l'Égypte. » Celui qui était déjà l'émule de César poursuivait en ces termes :

« Fais en sorte que j'aie une campagne à mon arrivée, soit près de Paris, soit en Bourgogne ; je compte y passer l'hiver et m'y enfermer : *Je suis ennuyé de la nature humaine.* J'ai besoin de solitude et d'isolement ; les grandeurs m'ennuyent : le sentiment est desséché. *La gloire est fade à vingt-neuf ans ; j'ai tout épuisé ;* il ne me reste plus qu'à devenir bien vraiment égoïste. Je compte garder ma maison : jamais je ne la donnerai à qui que ce soit. Je n'ai plus que de quoi vivre. Adieu, mon unique ami ; je n'ai jamais été injuste envers toi. Tu me dois cette justice, malgré le désir de mon cœur de l'être : tu m'entends ? Embrasse ta femme et Jérôme. »

Napoléon partit de l'Égypte le 23 août, aborda à Fréjus le 9 octobre et fut proclamé premier consul le 13 décembre 1799. Quoi qu'il eût écrit du Caire, le nouveau chef de la République française n'avait pas tout épuisé, et les grandeurs l'attiraient plutôt que la solitude et l'isolement. Du reste, il avait une idée nette de sa mission :

« ... J'entends, disait-il, que mon gouvernement

réunisse tous les Français. C'est une grande route où tous peuvent aboutir ; la fin de la Révolution ne peut résulter que du concours de tous, et ces divers partis ne peuvent être contenus et devenir inoffensifs les uns aux autres *que par une clef de voûte assez forte pour ne céder à aucun effort.* Je l'ai dit, il y a bien des années, avant 93 : La Révolution ne finira que par le retour des émigrés, des prêtres, tous assujettis, contenus *par un bras de fer, né dans la Révolution, nourri dans les opinions du siècle,* et fort, par l'assentiment national qu'il aura su deviner. »

A cette époque appartient la lettre suivante, écrite par le premier consul à Joseph, le 19 mars 1800, au sujet de madame de Staël :

« M. de Staël est dans la plus profonde misère, et sa femme donne des dîners et des bals. Si tu continues à la voir, ne serait-il pas bien que tu engageasses cette femme à faire à son mari un traitement de 1,000 à 2,000 francs par mois ? Ou serions-nous déjà arrivés au temps où l'on peut, sans que les honnêtes gens le trouvent mauvais, fouler aux pieds, non-seulement les mœurs, mais encore les devoirs plus sacrés que ceux qui réunissent les enfants aux pères ? Que l'on juge des mœurs de madame de Staël comme si elle était un homme ; mais un homme qui hériterait de la fortune de M. de Necker, qui aurait longtemps joui des prérogatives attachées à un nom distingué, et qui laisserait sa femme dans la misère, lorsqu'il vivrait dans l'abondance, serait-il un homme avec lequel on pourrait faire société ? »

L'Empire ayant remplacé le Consulat, Joseph devient grand-électeur, et, pour complaire au vainqueur de

Marengo, il consent à commander un régiment au camp de Boulogne. Au mois d'avril 1805, il est chargé de visiter les départements réunis. Plusieurs lettres sont datées de Bruxelles et adressées à Napoléon. Nous extrayons de celle du 18 avril les détails suivants sur les *garrotteurs,* espèce de chouans belges :

« ... J'ai causé aujourd'hui avec le juge instructeur de la procédure contre un grand nombre de gens connus sous le nom de *garrotteurs* ; ils sont organisés régulièrement ; il y en a déjà plus de cent d'arrêtés. On est occupé en ce moment de l'arrestation d'un grand nombre d'autres que l'on connaît par les dépositions de leurs complices : un brasseur de Bruxelles, assez riche, retiré de cette bande dont il avait fait longtemps partie, et payant à la caisse sa non-activité, a donné tous les renseignements. Le juge m'a dit qu'il y avait encore cent brigands à arrêter. Je lui ai demandé s'il croyait qu'il y eût des instigations étrangères au pays dans ce moment ; il ne le pense pas, quoiqu'il m'ait assuré que, lorsque les Anglais étaient en Hollande, et les Russes en Suisse avant la bataille de Zurich, les mêmes symptômes s'étaient manifestés, et qu'il avait reconnu quelques-uns des mêmes agents... »

Dans une autre lettre du 19 mai, on trouve des renseignements qui résument en quelque sorte ce voyage :

« Sire, j'ai vu à Tournai la manufacture de tapis de l'Empire qui emploie le plus d'ouvriers (6,000), qui vend le moins cher, et qui est dans une situation très-prospère. Les routes qui aboutissent à Tournai commencent à se réparer. A Bruxelles, le préfet et le général m'ont dit qu'ils étaient très-contents de la situation du pays. Le château de Laeken se répare ; si on envoie les meubles de Paris, il peut être habitable dans un mois. La fonderie de Liége est en très-bon état ; les travaux sont cependant ralentis ; mais il y a beaucoup de pièces dont la marine peut se servir, si elle en a besoin. J'ai vu cet établissement en grand détail ; j'ai regretté que le sénateur Monge n'y fût pas encore arrivé ; on l'attendait sous peu de jours... »

Au mois d'août 1805, Napoléon part pour l'Allemagne et commence la mémorable campagne qui doit finir par la bataille d'Austerlitz. L'intérêt de la correspondance s'accroît. On lit dans une lettre datée de Schœnbrunn, 15 novembre : « Bernadotte m'a fait perdre un jour, *et d'un jour dépend le destin du monde...* Je me convaincs tous les jours davantage que les hommes que j'ai formés sont sans comparaison les meilleurs... Je sais qu'on a imposé une contribution de 400,000 fr. à *Vérone autrichienne.* Mon intention est de rendre si riches les généraux et officiers qui m'ont bien servi, que je n'entends pas qu'ils déshonorent par la cupidité le plus noble métier, en s'attirant la déconsidération du soldat... »

Mais il convient de citer textuellement la lettre que Napoléon écrivit à son frère d'Austerlitz, le 3 décembre 1805.

«... Après quelques jours de manœuvres, j'ai eu hier une bataille décisive. J'ai mis en déroute l'armée coalisée, et commandée en personne par les deux empereurs de Russie et d'Allemagne. Leur armée était forte de 80,000 Russes et de 30,000 Autrichiens. Je leur ai fait à peu près 40,000 prisonniers, parmi lesquels une vingtaine de généraux russes, quarante drapeaux, cent pièces de canon, tous les étendards de la garde impériale de Russie. Toute l'armée s'est couverte de gloire.

« L'ennemi a laissé au moins douze ou quinze mille hommes sur le champ de bataille. Je ne connais pas encore ma perte. Je l'évalue à huit ou neuf cents hommes tués, et le double blessés. Une colonne entière s'est jetée dans un lac, et la plus grande partie s'est noyée. On entend encore de ces malheureux qui crient, et qu'il est impossible de sauver. Les deux empereurs sont dans une assez mauvaise position. Vous pouvez faire imprimer l'analyse de ces nouvelles sans les donner comme extraites d'une lettre de moi, ce qui n'est pas convenable. Vous recevrez demain le bulletin. Quoique j'aie bivaqué ces huit derniers jours en plein air, ma santé est cependant bonne. *Ce soir, je suis couché dans un lit dans le beau château de M. de Kaunitz, à Austerlitz, et j'ai changé de chemise, ce qui ne m'était pas arrivé depuis huit jours.* Il y a eu une charge de ma garde et de celle de l'empereur de Russie. La garde de l'empereur de Russie a été culbutée. Le prince Repnin, commandant ce corps, a été pris avec une partie du corps, les étendards et l'artillerie de la garde russe.

« L'Empereur d'Allemagne m'a envoyé ce matin le prince de Lichtenstein, pour me demander une entrevue. Il est possible que la paix s'ensuive assez rapidement... »

Avant d'avoir reçu ces nouvelles, Joseph, informé par Napoléon, le 26 novembre, qu'il avait accordé quelques conférences à MM. de Stadion et Giulay, avait cru pouvoir exprimer le désir que le résultat des négociations fût la paix. « Ce vœu, disait-il, s'est bien manifesté par des signes évidents et communs à toutes les classes de la société. » Napoléon répond de Schœnbrunn, le 15 décembre, avec un mélange d'irritation et d'ironie : « Je n'ai point coutume de régler ma politique sur les rumeurs de Paris, et je suis fâché que vous y attachiez tant d'importance. Mon peuple s'est bien trouvé, dans toutes les circonstances, de s'en fier à moi ; et la question est aujourd'hui trop compliquée pour qu'un bourgeois de Paris puisse la connaître... Je ferai la paix lorsque je croirai de l'intérêt de mon peuple de la faire, et les criailleries de quelques intrigants ne l'accéléreront ni la retarderont d'une heure... *Je ne donne rien au hasard ; ce que je dis, je le fais toujours, ou je meurs...* »

Le 31 décembre, Napoléon était à Munich. Il avertit Joseph que son intention est de s'emparer du royaume de Naples, qui a violé sa neutralité en accueillant une armée de 14,000 Russes et de 12,000 Anglais ; qu'il y a fait marcher deux corps d'armée sous le maréchal Masséna et le général Saint-Cyr, et qu'il l'a nommé, lui, Joseph, son lieutenant, commandant en chef l'armée de Naples. Ordre lui était donné de partir quarante heures après la réception de cette lettre. Napoléon ajoutait que si sa présence n'était pas nécessaire à Paris, il aurait marché en personne sur Naples.

Le 8 janvier 1806, Joseph répondit qu'il partait dans la nuit pour remplir la mission que l'Empereur lui avait confiée. Des instructions précises et très-minutieuses lui furent adressées ; Joseph devait avoir soin, entre autres, de transmettre chaque jour à Napoléon son état de situation. « Les états de situation des armées, disait le grand capitaine, sont pour moi les livres de littérature les plus agréables de ma bibliothèque, *et ceux que je lis avec le plus de plaisir dans mes moments de délassement.* »

Au surplus, Joseph reçut la lettre suivante datée de Stuttgard, le 19 janvier :

« Mon frère, mon intention est que dans les premiers jours de février vous entriez dans le royaume de Naples, et j'entends que vous m'instruisiez dans le courant de février que nos drapeaux flottent sur les murs de cette capitale. Vous ne ferez aucune suspension d'armes et n'entendrez à aucune capitulation. Mon intention est que les Bourbons aient cessé de régner à Naples ; je veux asseoir sur ce trône un prince de ma maison ; *vous d'abord, si cela vous convient ; un autre, si cela ne vous convient pas...* » C'est ainsi que Napoléon agissait avec ses frères. Au mois de juin suivant, lorsqu'il eut érigé le royaume de Hollande, et décidé que ce fief de l'empire serait donné à Louis Bonaparte, Napoléon fit entendre à ce dernier que s'il n'était pas plus consulté sur cette affaire, c'est qu'un sujet ne pouvait refuser d'obéir.

Dans une lettre du 31 janvier, adressée également à son frère aîné, Napoléon ajoutait :

«... On suppose que le prince royal est resté à Naples : si cela est, faites-le arrêter et conduire en France sous bonne et sûre escorte : c'est là mon ordre exprès ; je ne vous laisse aucune latitude sur cet objet... Point de demi-mesures, point de faiblesse. Je veux que mon sang règne à Naples aussi longtemps qu'il régnera en France. *Le royaume de Naples m'est nécessaire.* »

A l'offre du trône de Naples, Joseph répondit d'Albano, 31 janvier :

«... Une fois pour toutes, je puis assurer Votre Majesté que tout ce qu'elle fera, je le trouverai bien ; je vous l'ai dit à Boulogne avant de retourner à Paris, et depuis ce temps je n'ai pas varié un instant. Faites tout

pour le mieux, et disposez de moi comme vous le juge-
rez le plus convenable pour vous et pour l'État... »

En s'exprimant ainsi, Joseph Bonaparte donnait
l'exemple d'une abnégation absolue devant les volontés
du chef de sa maison. Louis Bonaparte se montra moins
respectueux. En apprenant comment on avait disposé
de lui pour le trône de Hollande : « Quoi donc ! s'écria-
t-il devant Talleyrand, ne suis-je en cela qu'un acces-
soire ? »

Napoléon voulait, au surplus, que la couronne de
Naples fût aussi le prix du courage :

«... N'écoutez pas, mandait-il à son frère le 3 février,
n'écoutez pas ceux qui voudraient vous tenir loin du feu ;
vous avez besoin de faire vos preuves s'il y a des occa-
sions, et posez-vous ostensiblement. Quant au vrai
danger, il est partout à la guerre. »

Le 15 février, l'armée française occupait Naples.
Joseph demande presque aussitôt : « Quelle conduite
tenir avec les jésuites ? » — Napoléon lui répond :
« Commencez par les renvoyer tous chez eux. Il doit
y en avoir très-peu de Napolitains. Je ne reconnais
point cet ordre. » L'Empereur conseille à son frère
de ne pas compter sur l'opinion, mais de s'attendre à
une émeute et de prendre d'avance toutes les mesures
pour la réprimer. Il lui ordonne aussi de frapper une
imposition de trente millions sur tout le royaume, et il
l'avertit enfin de se suffire, car il ne lui enverra plus
d'argent.

Mais les objections ne manquent pas au nouveau roi
de Naples, dont le caractère doux et tranquille formait
le plus singulier contraste avec l'impétuosité en quelque
sorte volcanique du vainqueur d'Austerlitz. « ..... Ce

pays-ci, répliquait Joseph, ne ressemble à aucun autre de l'Europe... Il est ordinaire ici de voir mourir de faim, dans les rues, des hommes couchés, nus comme la main, des femmes, des enfants. Tout ceci peut s'améliorer, mais il faut beaucoup de prévoyance et beaucoup de sagesse. La cour donnait beaucoup ; il faudra bien que je donne aussi beaucoup, jusqu'à ce que le mal, attaqué dans sa racine, ne nécessite plus des remèdes qui ne sont que de faibles palliatifs : j'ai déjà donné bien des milliers de ducats, mais on ne s'en douterait pas à l'aspect hideux de la misère que l'on voit dans les rues, et qui existe aussi dans beaucoup de ménages. » Il était plus ferme dans une autre dépêche ; Napoléon ne cessait de lui reprocher que son administration de Naples était trop douce : « ... Je ne néglige aucun moyen pour remplir les ordres de V. M., lui répond son frère ; et si elle continue à me laisser aller *selon mon système*, j'espère remplir parfaitement ses intentions, aller au même but, peut-être un peu plus lentement ; *mais j'arriverai sans secousse, et sans qu'on se plaigne des moyens que j'emploierai à mesure de mes besoins...* »

Mais Napoléon ne se laissait pas persuader si facilement. Du reste, il n'aimait pas que ceux de ses frères, qu'il avait faits rois, eussent un système. C'est ce qui lui fit écrire un jour à Louis Bonaparte, à propos de considérations politiques développées par ce dernier : « De quoi vous mêlez-vous ? » Sans être aussi dur à l'égard du roi de Naples, il revenait pourtant sans cesse à la charge pour recommander à celui-ci une sévérité inflexible. Nous prendrons presque au hasard des fragments de ces lettres qui dépeignent si parfaitement Napoléon Ier :

23 mars 1806. « Dans un pays conquis, la bonté n'est

pas de l'humanité. En général, il est de principe politique de ne donner bonne opinion de sa bonté qu'après s'être montré sévère pour les méchants. » — 5 juillet : « Votre gouvernement n'est pas assez vigoureux, n'est pas assez fortement organisé. Vous craignez trop d'indisposer les gens, vous êtes trop bon... » Ailleurs encore : « ... Vous êtes trop bon, surtout pour le pays où vous êtes. Il faut désarmer, faire juger et déporter. » 26 juillet : « ... Que veut dire cette garde nationale de Naples? C'est s'appuyer sur un frêle roseau, si ce n'est donner des armes à ses ennemis... »

Antérieurement, il avait prescrit à son frère des précautions minutieuses pour garantir sa sûreté personnelle : « ... Je vous ai déjà dit et vous répète encore que vous vous fiez trop aux Napolitains. Je dois surtout vous le dire pour votre cuisine et pour la garde de votre personne... Vous n'avez pas assez suivi ma vie privée pour savoir combien, même en France, je me suis toujours tenu sous la garde de mes plus sûrs et de mes plus anciens soldats... Personne ne doit jamais entrer chez vous, la nuit, que votre aide de camp, qui doit coucher dans la pièce qui précède votre chambre à coucher. Votre porte doit être fermée en dedans et vous ne devez ouvrir à votre aide de camp que lorsque vous avez bien reconnu sa voix ; lui-même ne doit frapper à votre porte qu'après avoir eu le soin de fermer celle de la chambre où il se trouve, pour être sûr qu'il est seul, et que personne ne peut le suivre. Ces précautions sont importantes, etc. »

Les troubles de la Calabre semblèrent justifier jusqu'à un certain point les craintes que donnait à Napoléon la bonté de son frère. Il lui recommanda alors, avec plus d'énergie encore, de ne plus écouter cette faiblesse, mais de se montrer impitoyable.

30 juillet 1806 : « Ne pardonnez pas ; faites passer par les armes au moins six cents révoltés. Ils m'ont égorgé un plus grand nombre de soldats. Faites brûler les maisons de trente des principaux chefs de village, et distribuer leurs propriétés à l'armée. Désarmez tous les habitants, et faites piller cinq ou six gros villages de ceux qui se sont le plus mal comportés... »

6 août : « ... Il ne faut point perdre de vue que la force et la justice sévère sont la bonté des rois. Vous confondez trop la bonté des rois avec la bonté des particuliers. J'attends de savoir la quantité de biens que vous avez confisqués en Calabre, et le nombre de révoltés dont vous avez fait bonne justice. Faites fusiller trois personnes par village, des chefs de la révolte. N'ayez pas plus d'égards pour les prêtres que pour les autres. »

Il s'était déjà exprimé en ces termes sur la cour de Rome :

De Saint-Cloud, 22 juin 1806. « Mon frère, la cour de Rome est tout à fait devenue folle. Elle refuse de vous reconnaître, et je ne sais quelle espèce de traité elle veut faire avec moi. *Elle croit que je ne peux pas allier un grand respect pour l'autorité spirituelle du pape, et réprimer ses prétentions temporelles.* Elle oublie que saint Louis, dont la piété est connue, a été presque toujours en guerre avec le pape ; et que Charles-Quint, qui était un prince très-chrétien, tint Rome assiégée pendant longtemps, et s'en empara, ainsi que de tout l'État romain. »

Au surplus, il enjoignit formellement à son frère de s'appuyer sur le Code civil, qui contribuerait, autant et plus que la force, à consolider le nouveau trône. « Établissez le Code civil à Naples, disait-il ; tout ce qui ne nous est pas attaché va se détruire alors en peu d'années, et ce que vous voudrez conserver se consolidera.

Voilà le grand avantage du Code civil. Si le divorce vous gêne pour Naples, je ne vois pas d'inconvénient de cartonner cet article; cependant je le crois utile... Pour les actes de l'état civil, vous pouvez les laisser aux curés. Au moyen de ces modifications, il faut établir le Code civil chez vous; il consolide votre puissance, puisque, par lui, tout ce qui n'est pas *fidéicommis* tombe, et qu'il ne reste plus de grandes maisons que celles que vous érigez en fiefs. C'est ce qui m'a fait prêcher un Code civil, et m'a porté à l'établir... »

Napoléon répète souvent que le royaume de Naples lui est nécessaire. De là son insistance dans les conseils qu'il prodigue à son frère pour le convertir à ses idées gouvernementales. Il prévoit la réunion plus ou moins prochaine de la Sicile. « En ce cas, dit-il à Joseph, vous avez le plus beau royaume du monde; et j'espère que, par la vigueur que vous mettrez à vous former un bon corps d'armée et une escadre, *vous m'aiderez puissamment à être maître de la Méditerranée, but principal et constant de ma politique.* »

Mais, pour cela, Joseph doit se montrer inébranlable. « Vous ne devez jamais faire aucun pas rétrograde, lui dit l'Empereur, et périr, s'il le faut, sur le territoire napolitain... — Un roi doit se défendre et mourir dans ses États, ajoute-t-il ailleurs. Un roi émigré et vagabond est un sot personnage. »

Nous allons voir maintenant comment Joseph Bonaparte, qui s'était réellement attaché aux Napolitains, fut soudainement arraché au plus beau royaume du monde, comme disait l'Empereur, et envoyé, roi nominal, dans l'Espagne soulevée contre les Français.

Quelle que fût la répugnance du roi de Naples à se prêter aux nouveaux projets de l'Empereur, quelque discordance qu'il y eût entre son caractère et la terrible lutte dont la Péninsule ibérique devenait le théâtre, il lui fallut se résigner et obéir à cette raison d'État sans cesse invoquée par le chef de sa maison. Napoléon l'avait dit naguère : « Je ne puis reconnaître pour parents que ceux qui me servent. Ce n'est point *au nom de Bonaparte* qu'est attachée ma famille, c'est *au nom de Napoléon*. Je ne puis aimer aujourd'hui que ceux dont je fais cas, et qui servent mes projets..... Je ne puis plus avoir de parents dans l'obscurité. Ceux qui ne s'élèveront pas avec moi, je ne pourrai plus les considérer comme étant de ma famille. J'en fais une famille de rois, qui se rattacheront à un système fédératif. »

II

Personne n'a jugé plus sévèrement que Napoléon lui-même la tentative impolitique et funeste d'absorber l'Espagne au profit de sa dynastie. « Toutes les circonstances de mes désastres, disait-il à Sainte-Hélène, se rattachent à ce nœud fatal ; elle a détruit ma moralité en Europe, divisé mes forces, multiplié mes embarras.» Mais il fallut ces embarras et ces désastres, la vaillance héroïque du peuple espagnol, six ans d'une guerre effroyable, le soulèvement de l'Europe, enfin la chute même de l'Empire pour convaincre Napoléon qu'il avait commis en 1808 une faute immense. Et pourtant, les avertissements, comme on le verra, ne lui manquèrent point ; son frère, médiocre général, mais admirable par son honnêté, essaya longtemps de lui dessiller les yeux, de lui montrer l'abîme, ou plutôt ces colonnes d'Hercule devant lesquelles le conquérant aurait dû s'arrêter ! Mais Napoléon avait une volonté indomptable ; et, de

plus, il était fataliste quand il objectait que ses destinées devaient s'accomplir !

Vers la fin du mois de novembre 1807, Napoléon fit
annoncer au roi de Naples qu'il partait pour Milan, qu'il
serait le 2 décembre à Venise et qu'il l'y verrait avec
plaisir, si les affaires de ses États lui permettaient de s'ab-
senter pendant quelques jours. L'entrevue eut lieu
effectivement ; mais, quoi qu'en aient dit plusieurs historiens, ce ne fut pas là que la couronne de Philippe V
fut offerte à Joseph Bonaparte. Rien n'était encore décidé dans l'esprit de l'Empereur. On lit en effet, dans une
note de Joseph : « Lors de mon entrevue avec l'Empereur
à Venise, il me parla des troubles de la famille royale
d'Espagne, comme pouvant amener des événements
qu'il *redoutait*. J'ai assez de besogne taillée, dit-il ; des
troubles en Espagne ne peuvent servir que les Anglais,
qui ne veulent pas de paix, en altérant les ressources
que je trouve dans cette allié pour continuer la guerre
contre eux. »

Il faut remarquer en outre que, dans ce même voyage
d'Italie, Lucien Bonaparte, qui vivait hors de France et
séparé de la famille impériale, eut aussi une entrevue
avec Napoléon et que celui-ci, au nombre des combinai-
sons possibles en Espagne, rangeait encore l'union d'une
princesse française (fille de Lucien) avec Ferdinand,
prince des Asturies.

Bientôt cependant les discordes de la famille royale
d'Espagne sont poussées jusqu'au scandale ; les événements se pressent : le méprisable favori qui, par l'im-
bécillité de Charles IV et la connivence coupable de la
reine, avait été si longtemps maître de la monarchie
hispanique, Godoï tombe, à Aranjuez, le 17 mars 1808,
sous la fureur du peuple. Charles IV lui-même se vit
obligé d'abdiquer le 19 en faveur du prince des Astu-

ries. Dans la prévision de ces événements, Napoléon, sans divulguer encore ses projets, avait ordonné à Murat de pénétrer sur le territoire espagnol avec les troupes qui étaient rassemblées au pied des Pyrénées.

Napoléon, alors à Paris, connut les événements d'Aranjuez du 23 au 27 mars. A cette dernière date, il envoya à Louis Bonaparte, roi de Hollande, un courrier chargé de lui remettre la lettre suivante, dont il serait superflu de faire ressortir l'importance historique :

« Mon frère, le roi d'Espagne vient d'abdiquer. Le prince de la Paix a été mis en prison. Un commencement d'insurrection a éclaté à Madrid. Dans cette circonstance, mes troupes étaient éloignées de quarante lieues de Madrid ; le grand-duc de Berg a dû y entrer le 23 avec 40,000 hommes. Jusqu'à cette heure le peuple m'appelle à grands cris. Certain que je n'aurai de paix solide avec l'Angleterre qu'en donnant un grand mouvement au continent, j'ai résolu de mettre un prince français sur le trône d'Espagne. Le climat de la Hollande ne vous convient pas. D'ailleurs la Hollande ne saurait sortir de ses ruines. Dans le tourbillon du monde, que la paix ait lieu ou non, il n'y a pas de moyen pour qu'elle se soutienne. Dans cette situation des choses, *je pense à vous pour le trône d'Espagne.* Vous serez souverain d'une nation généreuse, de 11 millions d'hommes, et de colonies importantes. Avec de l'économie et de l'activité, l'Espagne peut avoir 60,000 hommes sous les armes, et cinquante vaisseaux dans ses ports. Répondez-moi catégoriquement. Quelle est votre opinion sur ce projet ? Vous sentez que ceci n'est encore qu'un projet, et que, quoique j'aie 100,000 hommes en Espagne, il est possible, par les circonstances qui peuvent survenir, ou que je marche directement et que tout soit

fait dans quinze jours ; ou que je marche plus lentement, et que cela soit le secret de plusieurs mois d'opérations. Répondez-moi catégoriquement : *si je vous
nomme roi d'Espagne, l'agréez-vous? Puis-je compter
sur vous?* Comme il serait possible que votre courrier
ne me trouvât plus à Paris, et qu'alors il faudrait qu'il
traversât l'Espagne au milieu de chances que l'on ne
peut prévoir, répondez-moi seulement ces deux mots.
J'ai reçu votre lettre de tel jour, je réponds *oui*, et alors
je compterai que vous ferez ce que je voudrai ; ou bien
non, ce qui voudra dire que vous n'agréez pas ma pro-
position. Vous pouvez ensuite écrire une lettre où vous
développerez vos idées en détail sur ce que vous voulez,
et vous l'adresserez sous l'enveloppe de votre femme à
Paris ; si j'y suis, elle me la remettra, sinon elle vous la
renverra. Ne mettez personne dans votre confidence, et
ne parlez, je vous prie, à qui que ce soit de l'objet de
cette lettre ; car il faut qu'une chose soit faite pour
qu'on avoue d'y avoir pensé, etc. »

La surprise de Louis Bonaparte égala son indignation, nous apprend-il lui-même, en recevant une pro-
position qu'il regardait comme impolitique, injuste et
honteuse. Il refusa donc vivement. « Je ne suis pas un
gouverneur de province, disait-il à ce sujet. Il n'y a pas
d'autre promotion pour un roi que celle du ciel; ils
sont tous égaux ; de quel droit pourrai-je aller demander
un serment de fidélité à un autre peuple, si je ne res-
tais pas fidèle à celui prêté à la Hollande en montant
sur le trône? » Il répondit en conséquence, et *refusa
vertement* (1).

(1) La lettre de Napoléon et la réponse de Louis Bonaparte ne se
trouvent point dans le recueil de M. Ducasse. Nous les avons extraites
d'un autre recueil dont l'authenticité est également incontestable, à
savoir : les *Documents historiques et réflexions sur le gouvernement de*

Le 4 avril, Napoléon arriva lui-même à Bayonne, avec le dessein arrêté de précipiter dans le néant les Bourbons d'Espagne et de s'emparer de leurs possessions. Alors seulement, à défaut du roi de Hollande, il arrêta son choix sur le roi de Naples. Le 18 avril, il fait pressentir à Joseph ses intentions en lui écrivant : « ... Les circonstances veulent que je couvre l'Europe de mes troupes. L'Angleterre commence à souffrir. La paix seule avec cette puissance me fera remettre le glaive dans le fourreau, et rendre à l'Europe la tranquillité. Il ne serait pas impossible que je vous écrivisse, dans cinq ou six jours, de vous rendre à Bayonne... » Le 10 mai, après l'abdication de Charles IV et le détrônement de Ferdinand, l'Empereur notifie sa volonté : « ... Le roi Charles, par le traité que j'ai fait avec lui, me cède tous ses droits à la couronne d'Espagne. Le prince des Asturies avait renoncé avant à son prétendu titre de roi... La nation, par l'organe du Conseil suprême de Castille, me demande un roi. *C'est à vous que je destine cette couronne.* L'Espagne n'est pas ce qu'est le royaume de Naples : c'est onze millions

la Hollande, par Louis Bonaparte, *ex-roi de la Hollande.*—Cet ouvrage, très-curieux, a paru en 1820. Voir l'édition de Bruxelles, t. II, p. 147 et 148. — M. Thiers, qui paraît avoir négligé les Documents publiés par l'ex-roi de Hollande, ne dit pas un mot de l'offre qui lui fut faite de la couronne d'Espagne. D'après M. Thiers, les vues de Napoléon, à cet égard, se portèrent exclusivement sur Joseph Bonaparte.

« Napoléon, dit son historien, était conduit dans ce choix par l'affection d'abord, car il préférait Joseph à ses autres frères ; puis par un certain respect de la hiérarchie, parce que Joseph était l'aîné d'entre eux, et enfin par confiance, car il en avait plus en lui que dans tous les autres. Il croyait Jérôme dévoué, mais trop jeune ; Louis honnête, mais tellement aigri par la maladie, les querelles domestiques, l'orgueil, qu'il le regardait comme capable des déterminations les plus fâcheuses. Quant à Joseph, tout en lui reprochant beaucoup de vanité et de mollesse, il le jugeait sensé, doux et très-attaché à sa personne, et il ne voulait confier qu'à lui l'important royaume placé si près de France. » *Histoire du Consulat et de l'Empire*, livre XXXe.

d'habitants, plus de 150 millions de revenus, sans compter les immenses revenus et la possession de toutes les Amériques... »

La nomination de Joseph, peu militaire, hors d'état de commander et d'imposer aux Espagnols, fut, selon M. Thiers, une nouvelle faute de l'Empereur ; il aurait fallu choisir Murat, qui était déjà à Madrid et qui aurait su se faire obéir des autres généraux. Mais Napoléon, sans parler de la déférence qu'il croyait devoir témoigner à l'aîné de ses frères, craignait peut-être de hâter le soulèvement des Espagnols en nommant roi le général qui avait réprimé avec une violence extrême l'insurrection de Madrid du 5 mai. « Si la guerre s'allume, tout est perdu , écrivit-il alors à Murat ; je ne veux pas qu'on brûle une amorce. »

Cependant Joseph s'était résigné à son élévation, plus obéissant que son frère, le roi de Hollande, qui, ayant reçu avant lui l'offre de la couronne hispanique, l'avait formellement et énergiquement déclinée. La résignation de Joseph Bonaparte, en cette circonstance décisive, fut une faute qu'il expia bientôt, en même temps que la France aussi l'expiait par la guerre la plus funeste. Dans l'intérêt de Napoléon, Joseph Bonaparte aurait dû montrer une *surprise* et une *indignation* au moins égales à celles dont son frère Louis se glorifia (1).

(1) Nous nous rallions à l'opinion si bien exprimée par un publiciste éminent. « Si dans le cours de la carrière politique de ce prince (Joseph Bonaparte) il y a un reproche sérieux à lui adresser, c'est assurément d'avoir permis à l'Empereur de disposer de lui pour un acte qui était la sanction même de cette théorie de monarchie universelle dont la modération et le sens droit de Joseph mesuraient si bien les véritables conséquences... Qu'il ait été moins fidèle aux Napolitains que Louis ne le fut aux Hollandais ; qu'à la veille d'un acte qui ne pouvait s'accomplir que par un crime, Joseph n'ait pas opposé à son frère le double obstacle de ses conseils et de ses refus, — c'est ce qu'il est difficile de

Il n'en fut pas ainsi. Le roi de Naples avait reçu la lettre de l'Empereur le 21 mai ; dès le 23, il était en route pour Bayonne. M. Ducasse raconte que, pendant ce voyage, le roi Joseph, étant arrivé près de la *Grotte*, ou passage souterrain qui débouche dans la vallée du Guiers, y rencontra son ancien professeur de mathématiques et de philosophie au collège d'Autun, l'abbé Simon, devenu évêque de Grenoble, et qui faisait sa première visite dans son diocèse. Le roi n'eut pas plus tôt aperçu le vénérable prélat que, faisant arrêter sa voiture, il se jeta dans ses bras. Comme celui-ci le complimentait sur son élévation prochaine et probable au trône de la péninsule ibérique, Joseph l'interrompit par ces paroles pleines de tristes pressentiments :

« Puissent vos félicitations être d'un heureux augure à votre ancien élève, M. l'évêque ! Puissent vos saintes prières détourner les malheurs que je prévois ! Quant à moi, l'ambition ne m'aveugle pas, et les joyaux de la couronne d'Espagne n'éblouissent point ma vue. Je quitte un pays où je pense avoir fait quelque bien, où je me flatte d'avoir été aimé, et de laisser après moi quelques regrets. En pourra-t-il être ainsi dans le nouveau royaume qui m'attend ?... En Espagne, j'aurai beau faire, je ne me dépouillerai pas si complétement de mon titre d'étranger qu'il ne m'en reste assez pour me faire haïr d'un peuple fier et chatouilleux sur le point d'honneur, d'un peuple qui n'a connu d'autres guerres que des guerres d'indépendance, et qui abhorre avant tout le nom français... Je vois un horizon chargé de nuages bien sombres ; ils recèlent dans leur sein un avenir qui m'effraye. L'étoile de mon frère scintillera-t-elle

comprendre et plus difficile encore de s'expliquer. » L. de Carné, dans la *Revue des Deux Mondes.*

toujours lumineuse et brillante dans les cieux?... Je ne sais, mais de tristes pressentiments m'assiégent en dépit de moi-même; ils m'obsèdent, me dominent. Je crains bien qu'en me donnant une couronne plus belle que celle que je dépose, l'Empereur n'ait chargé mon front d'un fardeau plus pesant qu'il ne saurait porter. *Plaignez-moi donc, mon cher maître, plaignez-moi; ne me félicitez pas.* »

Joseph, ayant reçu la couronne de Philippe V, essaya de prendre possession de ses nouveaux États. Mais à peine avait-il pénétré sur le territoire hispanique, qu'il fut effrayé de son isolement. Arrivé à Vittoria, le 12 juillet, il écrit à l'Empereur que pas un Espagnol ne se montre pour lui. « ... J'arrive dans cette ville, où j'ai été proclamé hier. L'esprit des habitants est très-contraire à tout ceci. Les personnes en place craignent les menaces du peuple et les insurgés de Saragosse, dont les lettres et les gazettes les intimident beaucoup; les nouvelles qu'ils reçoivent des Asturies, de la Galice, de Valence, de l'Andalousie, ne les rassurent pas davantage. *Personne n'a dit jusqu'ici toute la vérité à Votre Majesté. Le fait est qu'il n'y a pas un Espagnol qui se montre pour moi,* excepté le petit nombre de personnes qui ont assisté à la junte et qui voyagent avec moi. Les autres, arrivés ici et dans les autres villages avant moi, se sont cachés, épouvantés par l'opinion unanime de leurs compatriotes... »

Le découragement de Joseph augmentait à mesure qu'il approchait de Madrid et qu'il pouvait mieux apprécier le patriotisme des Espagnols, ainsi que leur volonté inébranlable de repousser l'invasion étrangère. Le 18 juillet, il écrivait de Burgos :

« ... Partout où l'opposition n'est pas armée, elle est au moins passive et sourde; c'est au point que le maréchal Bessières était en présence d'une armée de 40,000 hommes sans s'en douter; que le général Merlin, que j'avais envoyé auprès de lui, *n'a pas pu trouver un guide en offrant de l'or à pleine main*. Il paraît que personne n'a voulu dire l'exacte vérité à Votre Majesté. *Je ne dois pas, moi, la lui cacher*. La besogne taillée est très-grande; pour en sortir avec honneur, il faut des moyens immenses. La peur ne me fait pas voir double. En quittant Naples, j'avais bien livré ma vie aux événements les plus hasardeux; depuis que je suis en Espagne, je me dis tous les jours : Ma vie est peu de chose; je vous l'abandonne. Mais pour ne pas vivre avec la honte attachée à l'insuccès, il faut de grands moyens en hommes et en argent. Alors seulement la facilité naturelle de mon caractère pourra me faire des partisans. Aujourd'hui, et tant que tout sera douteux, la bonté paraît une lâcheté, et je suis tout disposé à paraître moins bon. Pour sortir le mieux possible de cette tâche repoussante pour un homme destiné à régner, il faut un grand déploiement de forces, afin d'empêcher de plus nombreux soulèvements, et avoir moins de sang à répandre et moins de larmes à essuyer. De quelque manière que se résolvent les affaires d'Espagne, son roi ne peut que gémir, puisqu'il faut conquérir par la force; mais enfin, puisque le sort en est jeté, faudrait-il rendre les déchirements moins longs. Je ne suis point épouvanté de ma position, mais elle est unique dans l'histoire : *je n'ai pas ici un seul partisan*. »

Que répond l'Empereur? — « ... Je vois avec peine que vous vous affectiez; c'est le seul malheur que je craignais. Il entre des troupes de tous côtés, et constamment. Vous avez un grand nombre de partisans en Espagne, mais qui sont intimidés : ce sont tous les honnêtes gens... Vous ne devez pas trouver trop extraordinaire de conquérir votre royaume. Philippe V, Henri IV ont été obligés de conquérir le leur. *Soyez gai ;* ne vous laissez point affecter, et ne doutez pas un instant que les choses ne finiront mieux et plus promptement que vous ne pensez... »

Mais les objections se pressent aussitôt sous la plume de Joseph, Écoutons-le, car ces paroles d'un honnête homme sont dignes de la plus sérieuse attention : « ... Henri IV avait un parti, Philippe V n'avait à combattre qu'un compétiteur ; *et moi, j'ai pour ennemi une nation de 12 millions d'habitants braves, exaspérés au dernier point.* On parle publiquement de mon assassinat ; mais ce n'est pas là ma crainte... Je ne puis que répéter ce que j'ai déjà dit et écrit si souvent à Votre Majesté ; mais elle n'a pas confiance dans ma manière de voir. Quels que soient les événements auxquels je m'attends, cette lettre rappellera à Votre Majesté que j'avais raison. Si la France a mis sous les armes un million d'hommes dans les premières années de la révolution, pourquoi l'Espagne, encore plus unanime dans sa fureur et dans sa haine, ne mettrait-elle pas sur pied 500,000 hommes, qui seront aguerris et très-aguerris dans trois mois ?... Les honnêtes gens ne sont pas plus pour moi que les coquins. *Non, Sire, vous êtes dans l'erreur ; votre gloire échouera en Espagne.* Mon tombeau signalera votre impuissance, car personne ne doutera de votre affection pour moi. Tout ceci arrivera, car je suis décidé à ne pas repasser l'Èbre, quelque chose qui arrive. Cependant, 50,000 hommes de bonnes troupes, 50 millions avant trois mois, peuvent tout rétablir... »

On sait qu'il fallut la victoire de Bessières à Medina del Rio Secco, pour que Joseph pût pénétrer jusqu'à Madrid. Il y arriva, enfin, le 20 juillet. Il ne fut pas reçu, dit-il lui-même, par les habitants de l'Espagne comme il l'avait été par ceux de Naples! Tout se préparait, en effet, pour tirer parti d'un événement décisif. La victoire remportée par Castanos à Baylen et la malheureuse capitulation du général Dupont déterminèrent Joseph à évacuer la capitale, huit jours après son arrivée, et presque au moment où la convention de Cintra obligeait également les Français à se retirer du Portugal. De toute la Péninsule, il ne leur reste plus que le terrain compris entre l'Èbre et les Pyrénées.

Presque fugitif devant l'insurrection, le roi Joseph émet l'avis que l'Espagne ne peut être réduite à moins de trois armées de 50,000 hommes qui agiraient en masse, et cinquante autres mille hommes pour conserver les communications. «Ce pays et ce peuple, dit-il, ne ressemblent à aucuns autres : les paysans brûlent les roues de leurs voitures afin de n'être pas obligés aux transports, et on ne peut trouver parmi eux ni espions ni courriers ! »

Avant de connaître la malheureuse bataille de Baylen, l'Empereur avait cherché à relever le courage de son frère. « ... Il ne s'agit point, lui disait-il, de mourir, mais de vivre et d'être victorieux ; vous l'êtes et vous le serez... *Je trouverai en Espagne les colonnes d'Hercule, mais non les limites de mon pouvoir!...* »

Mais, en apprenant la capitulation de Dupont, Napoléon, sans rien perdre de sa fierté, devient pour son frère moins impératif et plus affectueux. Il lui écrit de Bordeaux, le 1er août : « ... Quelques revers que les circonstances nous puissent apprendre, n'ayez point d'inquiétude ; vous aurez plus de 100,000 hommes dans peu... Vous régnerez, vous aurez conquis vos sujets pour en être le père. Les bons rois ont passé à cette école. » Deux jours après, il ajouta ces paroles presque extraordinaires sous la plume de César : « Vous ne sauriez croire combien l'idée que vous êtes aux prises, *mon ami*, avec des événements au-dessus de votre habitude, autant qu'au-dessous de votre caractère naturel, me pèse. Ma douleur est vraiment forte, lorsque je pense que je ne puis être en ce moment avec vous et au milieu de mes soldats. J'ai donné l'ordre à Ney de s'y rendre... Vous aurez 100,000 hommes, et l'Espagne sera conquise dans l'automne... » Il terminait par ces mots qui pouvaient être diversement interprétés : « *Je crois que, pour votre goût particulier, vous vous souciez peu de régner sur les Espagnols.* »

Joseph vit là une occasion de parler à cœur ouvert ; feignant de croire que l'Empereur avait voulu le sonder, et ignorant, en tout cas, que le trône de Naples n'était plus vacant, il avoua franchement qu'il le regrettait et qu'il ne serait heureux qu'après l'avoir recouvré.

Il lui répondit (de Burgos, le 9 août) qu'il avait beaucoup réfléchi sur les affaires d'Espagne, sur celles de Naples et sur la lettre de l'Empereur du 5 août, où il lui parlait de son goût pour les Espagnols. « Puisqu'il faut beaucoup de sang et d'argent pour conquérir l'Espagne, la France, disait-il, est en droit d'y trouver une indemnité, et de s'assurer que ces peuples, qui conserveront longtemps un sentiment d'animosité contre elle, ne puissent point lui nuire essentiellement. » Il proposait, en conséquence, de démembrer la monarchie de Philippe V, de réunir à la France les provinces au delà de l'Èbre, de donner la Galice au Portugal, et de réduire ce qui resterait de l'Espagne au rang de troisième puissance.

Mais, dans cette hypothèse qui achevait l'anéantissement de la monarchie de Charles-Quint, Joseph indiquait comment il comprenait son rôle. Laissons-le parler :

5.

« ... Lorsque je m'envisage dans cette question, il m'est impossible de ne pas devenir sur-le-champ étranger à l'Espagne. L'honneur, la conscience, ou enfin cet instinct secret qui est le mobile de toutes mes actions, ne me permettraient jamais de rester sur le trône d'Espagne, si cette monarchie était diminuée de la moindre de ses parties. Dans la supposition que la France voulût gratuitement prodiguer son sang et son or pour me placer et me maintenir sur le trône des Espagnes, je ne puis pas cacher à Votre Majesté que je ne pourrais pas supporter l'idée qu'un autre que Votre Majesté pût commander en Espagne les armées françaises. Devenu le conquérant de ce pays par les horreurs de la guerre à laquelle tous les individus espagnols prendront part, je serai longtemps un objet de terreur et d'exécration. Je suis trop vieux pour avoir le temps de réparer tant de maux ; et j'aurais semé trop de haines pendant la guerre pour que je pusse recueillir dans mes dernières années le fruit du bien que j'aurais pu faire pendant la paix, au milieu des préventions et des calamités de tous les genres. Votre Majesté voit que, même dans cette hypothèse, celle de la conquête et de l'intégrité de la monarchie, *je ne dois pas désirer de régner en Espagne.* Ce peuple est plus concentré dans ses ressentiments qu'aucun autre peuple de l'Europe ; il y a quelque chose du caractère des peuples d'Afrique qui lui est particulier. Votre Majesté ne peut se faire une idée, parce que certainement personne ne le lui aura dit, *à quel point le nom de Votre Majesté est ici haï.* La guerre n'est point propre à diminuer ce sentiment... » Joseph faisait ensuite connaître ses désirs : « Conserver le commandement de l'armée assez longtemps pour battre l'ennemi ; rentrer dans Madrid avec elle, puisqu'elle en est sortie avec moi ; et, de cette capitale, donner un décret *portant que je renonce à régner sur un peuple que j'ai dû réduire par la force des armes;* et qu'ayant encore le choix entre un tel peuple et celui de Naples, qui sait apprécier mon gouvernement et rendre justice à mon caractère, je donne la préférence aux peuples qui me connaissent, et *retourne à Naples,* faisant des vœux pour le bonheur des Espagnes, et *allant travailler à celui des Deux-Siciles...* » Il insistait fortement sur cette idée : « ... Pourquoi, disait-il encore, vouloir m'attacher, moi à qui Votre Majesté porte tant d'affection, à un peuple qui me repousse parce que je suis son frère, et qui exigerait de moi, pour être tenu tranquille, le caractère sombre, soupçonneux et féroce de Philippe II, tandis que la nature m'a donné un sentiment d'honneur et de délicatesse que les Français peuvent apprécier, et l'âme qui a su me concilier l'affection des Italiens!... »

Mais déjà Napoléon avait disposé du trône de Naples en faveur de Murat, grand-duc de Berg. En apprenant la proclamation du nouveau roi, Joseph, qui n'avait pas été prévenu, ne dissimule pas son chagrin : « ... J'avoue, dit-il le 14 août à Napoléon, j'avoue que de tout ce qui m'est arrivé dans ma vie, c'est ce qui m'a affecté le plus, parce que je vois fermée la seule voie qui était encore ouverte pour concilier mon existence avec mon honneur... » Il continuait ensuite en dépeignant la situation de l'Espagne sous les couleurs les plus sinistres : « ... La monarchie espagnole ne peut plus être rangée dans son intégrité sous un seul prince; si elle l'était en Europe, si ce prince est un prince de notre maison, il ne se conservera sur le trône qu'en traitant les Espagnols comme ceux-ci ont traité les sujets de Montézuma. Je dois tout dire, d'ailleurs : ce n'est plus aujourd'hui l'intérêt de la France ; si son sang et son or doivent se verser pour cette conquête, il est juste que la France en profite, et qu'elle s'indemnise de tant de pertes ; *car il faut deux cent mille Français pour conquérir l'Espagne, et cent mille échafauds pour y maintenir le prince qui sera condamné à régner sur eux.* Non, Sire, on ne connaît pas ce peuple ! chaque maison sera une forteresse, et chaque homme a la volonté de la majorité. Je ne répète qu'une chose, mais elle suffit pour en donner une idée : pas un Espagnol ne sera pour moi si on fait la conquête ; pas un Espagnol n'a voulu rester au service des Français ou des ministres... Deux mille domestiques m'ont quitté à la fois, malgré les forts appointements que j'avais donnés ; nous ne trouvons pas un guide, pas un espion. Quatre heures avant la bataille de Rio-Secco, le maréchal Bessières ne savait pas où était l'ennemi. *Tout ce qui écrit ou parle différemment, ment, ou n'a pas d'yeux...* »

Il est assez digne de remarque que Napoléon ne discuta jamais la lettre si pressante que son frère lui avait adressée le 9 août et à laquelle il se référait sans cesse. Le 27 août, l'Empereur se borna à dire qu'il avait reçu cette dépêche et un *duplicata* de la même ; pas un mot de plus. Mais il informait Joseph que les cours du Nord l'avaient reconnu ; que 10,000 hommes de la grande armée étaient arrivés à Mayence ; qu'ayant le mois de janvier, il en aurait 100,000 et que, dans toute l'Espagne, il n'y aurait pas un seul village insurgé !...

Antérieurement, l'empereur avait exprimé son mécontentement au sujet de la direction des opérations militaires, et manifesté nettement combien le commandement laissait à désirer. Joseph ne put supporter ce reproche. « ... J'ai peine à concevoir, écrivait-il le 25 août, comment Votre Majesté peut avoir assez peu de connaissance de mon caractère, pour penser que ce sont les généraux, et non moi-même, qui décident les événe-

ments importants... Votre Majesté ne rend pas justice à
son frère lorsqu'elle pense qu'il n'y a pas une tête ici :
je ne manque ni de tête ni de cœur ; et quand je serais
pétri de boue, j'ai trop vécu près de vous pour manquer
de tête et de cœur. Le major général (Berthier) ne me
traite pas non plus en roi. L'adversité élève les hommes
de ma trempe, *et Alexandre traitait mieux ses ennemis
vaincus.* Je n'ai aucun reproche à vous faire : humble,
s'il le faut, dans la prospérité, j'aurai, dans la position
où je suis, la fierté d'un homme... » Voici la réplique
de Napoléon datée du 27 septembre : « *Mon frère,* je
ne réponds pas à votre dernière lettre, où vous pa-
raissez avoir de l'humeur. C'est un principe que je suis
avec vous depuis longtemps. Vous avez trop d'esprit
pour ne pas concevoir que c'est la seule chose que je
puisse faire lorsque vous m'écrivez ainsi... » A coup sûr,
l'Empereur n'avait pas tort cette fois.

Napoléon se trouvait alors à Erfurt, où il s'était
rendu dans le but de retenir l'empereur de Russie dans
son alliance comme contre-poids à l'attitude déjà dou-
teuse tout au moins de l'Autriche et de la Prusse, qui
nourrissaient l'espoir de tirer parti des événements
d'Espagne. Or, quoique Napoléon ne redoutât nullement une nouvelle guerre sur le Danube ou sur l'Oder,
encore lui importait-il de l'ajourner jusqu'à ce qu'il eût
pu mettre fin par sa présence à la formidable révolte
du peuple espagnol. Par ses ordres, 80.000 hommes
de la grande armée s'avançaient vers les Pyrénées, et,
le 15 octobre, leurs têtes de colonne commencèrent à
rallier les troupes en position sur la ligne de l'Èbre (1).

(1) « C'était, dit M. Thiers, une masse de 150,000 hommes de vieilles
troupes, qui, jointe aux 100,000 qui se trouvaient déjà au delà des
Pyrénées, présentait le total énorme de 250,000 combattants. Voilà à
quels efforts était obligé Napoléon, pour avoir au début entrepris

Le 25, ouvrant la session du corps législatif, Napoléon annonça ses desseins : « Invariablement d'accord avec l'empereur Alexandre pour la paix comme pour la guerre... je pars dans peu de jours pour me mettre moi-même à la tête de mon armée, et, avec l'aide de Dieu, couronner dans Madrid le roi d'Espagne, et planter mes aigles sur les forts de Lisbonne... »

Il partit effectivement quatre jours après, et, le 7 novembre, se trouvait à Vittoria près du roi Joseph. Suivons-le dans cette terrible lutte.

III

Napoléon, sans perdre un moment, transmit ses ordres pour commencer les mouvements décisifs qui devaient changer, pour quelque temps du moins, la face d'une guerre terrible.

Cette courte mais foudroyante campagne, dirigée par l'Empereur en personne, a été racontée par tant d'historiens compétents, qu'il serait téméraire de reprendre cette tâche ; il suffira de rappeler que deux mois suffirent pour récupérer le territoire qui avait été évacué, rétablir Joseph à Madrid et déterminer la retraite de l'armée anglaise sur la Corogne. Mais l'Espagne n'était pas encore vaincue (1); Saragosse résistait avec un in-

d'envahir l'Espagne avec une armée trop peu nombreuse et trop peu aguerrie. »

(1) « Le 9 décembre 1808, Madrid demanda à l'Empereur le retour du roi Joseph. Les habitants de cette capitale et de toutes les villes occupées par les Français prêtèrent serment de fidélité à celui-ci dans les églises et devant le Saint-Sacrement. Mais sans doute les Espagnols considéraient ce serment comme nul et extorqué par la force, puisqu'ils ne se faisaient aucun scrupule d'y manquer aussitôt après l'avoir prêté. » *Documents historiques*, publiés par Louis Bonaparte, édition de Bruxelles, t. II, p. 217.

comparable héroïsme, alors que Napoléon, inquiet des mouvements de l'Autriche, se voyait obligé de quitter la Péninsule, le 16 janvier 1809.

Les nombreux documents, politiques et militaires, rassemblés dans la *Correspondance du roi Joseph*, et destinés à éclaircir les événements de la guerre d'Espagne, méritent au plus haut point l'attention des hommes d'État. Mais l'art militaire surtout puisera les plus solides et les plus précieux enseignements dans les rapports des maréchaux de l'Empire et principalement dans les instructions si lumineuses et si prévoyantes de Napoléon. Le public, en général, recherchera, dans ces lettres, les épanchements intimes des deux frères, et, comme eût dit Tacite, les secrets de l'Empire. Il est certain que l'intérêt de ces papiers d'État augmente encore à mesure que l'on avance vers le dénoûment. L'antagonisme de deux caractères, radicalement différents, donne une signification éminemment dramatique à la correspondance du roi Joseph avec Napoléon.

Joseph Bonaparte est l'honnête homme par excellence, esprit sage, modéré, méthodique; cœur chaud, plein de dévouement, mais d'une sensibilité presque maladive. Il comprenait bien les nécessités de la guerre, mais il en envisageait les conséquences d'une tout autre façon que l'Empereur. Celui-ci, reculant les limites du possible, voulait dominer les événements comme les hommes; celui-là, regrettant Naples, ou mieux encore, son château de Mortefontaine, n'aspirait qu'après le repos. Roi d'un pays à conquérir, il voulait, avant même que la couronne fût fixée sur sa tête, recommencer le rôle de Louis XII, tandis que Napoléon, persistant dans une entreprise fatale, avait du moins le mérite de ne point se bercer de vaines illusions sur les dispositions des Espagnols et de considérer leur soumission (si elle s'accomplissait jamais) comme devant être le fruit de la guerre et de la guerre seulement.

C'est ainsi que, en arrivant en Espagne, Napoléon laissa le roi à l'écart pour agir plus librement, comme général d'armée en pays ennemi. Dans la capitulation de Madrid, il ne fut fait mention ni du roi, ni de la convention de Bayonne. De là, des plaintes très-vives de la part de Joseph; le 10 novembre. par exemple, il écrivait à l'Empereur : «..... Hier, et depuis quatre ans, j'ai pu commander une armée; aujourd'hui, je n'ai pas l'autorité d'un sous-lieutenant. Méritais-je, par mon caractère, d'être la fable de l'armée, dans un pays où je serai le roi?... » Impatienté, Napoléon proposa à son frère la couronne d'Italie, ou de retourner en France, pour y gouverner en son absence. Ce projet, d'une exécution assez difficile d'ailleurs, ayant été abandonné, Joseph, toujours mécontent, se retira dans le château royal de Pardo, à deux lieues de Madrid. Apprenant que l'Empereur se dispose à prendre des mesures législatives contraires à ses idées, il s'adresse à lui en ces termes «... La honte couvre mon front devant mes *prétendus sujets*. Je supplie V. M. de recevoir ma renonciation à tous les droits qu'elle m'avait donnés au trône d'Espagne. Je préférerai toujours l'honneur et la probité au pouvoir acheté si chèrement. » Napoléon revint sur les mesures qu'il méditait, mais sans renoncer à ses principes d'inflexible rigueur militaire.

Il mande au roi (de Valladolid, le 10 janvier 1809) : «... Je ne suis pas content de la police de Madrid : Belliard (gouverneur de la ville) est trop faible; avec les Espagnols il faut être sévère. J'ai fait arrêter ici quinze des plus méchants, et je les fais fusiller. Faites-en arrêter une trentaine à Madrid. Quand j'en suis parti, on avait fait des enquêtes, et l'on était sur le point de les saisir. Quand on la traite avec douceur, cette canaille se croit invulnérable ; quand on en pend quelques-uns , elle commence à se dégoûter du jeu, et devient soumise et humble comme elle doit être... » Deux jours après, de nouvelles instructions arrivent, plus pressantes encore et plus menaçantes : «... L'opération qu'a faite Belliard est excellente. Il faut faire pendre , à Madrid, une vingtaine des plus mauvais sujets. Demain, j'en fais pendre ici sept connus par tous les excès, dont la présence affligeait les honnêtes gens, qui les ont dénoncés secrètement, et qui reprennent du courage en s'en voyant débarrassés. Si l'on ne débarrasse pas Madrid d'une centaine de ces boute-feux, on n'aura rien fait. Sur ces cent, faites-en pendre ou fusiller douze ou quinze, et envoyez le reste en France aux galères. Je n'ai eu de tranquillité en France, et je n'ai rendu de la confiance aux gens de bien, qu'en faisant arrêter deux cents boutefeux, assassins de septembre, et en les envoyant dans les colonies. Depuis ce temps, l'esprit de la capitale a changé comme par un coup de sifflet... »

L'antagonisme devint plus vif, après que Napoléon fut retourné en France et qu'il eut rendu à son frère une partie de son autorité. Le roi d'Espagne écrit à l'Empereur le 19 février : « Je vois avec peine que vous écoutez, sur les affaires de Madrid, *des personnes qui sont intéressées à vous tromper;* vous n'avez pas en moi une entière confiance, et cependant sans elle la place n'est pas tenable. Je ne répéterai pas ce que j'ai écrit plusieurs fois sur l'état des finances. Je donne toutes mes facultés aux affaires depuis sept heures du matin jusqu'à onze heures du soir. Je n'ai pas un sou à donner à personne. Je suis à ma quatrième année de règne ; je vois encore ma garde avec le premier frac que je lui ai donné, il y a quatre ans. Je suis le but de toutes les plaintes ; j'ai toutes les préventions à vaincre... »

Mais Napoléon avait aussi ses griefs, et il les exposait avec une extrême franchise dans une lettre du 24, qui se croisa avec la précédente.

« Mon frère, lui disait-il, le major général (Berthier) vous a envoyé vos instructions militaires. Je vois avec peine que vous avez renvoyé le commissaire général de police de Madrid : j'en avais envoyé un à Lisbonne. J'ai vu avec une extrême surprise la raison que vous me donnez, que la Constitution le prohibe. Faites-nous connaître si la Constitution prohibe que le roi d'Espagne soit à la tête de 300,000 Français, que la garnison soit française ; si la Constitution prohibe que le gouverneur de Madrid soit Français ; si la Constitution dit que dans Saragosse on fera sauter les maisons l'une après l'autre ? Il faut avouer que cette manière de voir *est petite et affligeante.* Ce n'est pas de l'humeur et de petites passions qu'il faut, mais des vues froides et conformes à sa position. Le régiment qui a été formé à Lyon déserte avec armes et bagages ; il en sera de même des autres régiments. Déjà on assassine dans les rues de Madrid ; si l'on avait établi à Madrid un commissaire de police à la manière française, cela n'arriverait point. *Vous ne viendrez à bout de l'Espagne qu'avec de la vigueur et de l'énergie. Cette affiche de bonté et de clémence n'aboutit à rien. On vous applaudira tant que mes armées seront victorieuses ; on vous abandonnera quand elles seront vaincues...* »

Joseph répondit le 7 mars par ses plaintes ordinaires sur le peu de confiance que l'Empereur lui témoignait. « .... Je suis aujourd'hui, poursuivait-il, sur le second versant de la vie, et je ne changerai pas de principes à mon âge. Si vous ne pensez pas ainsi, *ma couronne mal affermie est à votre disposition*. Dieu m'a enlevé celle de Naples ; vous pouvez reprendre celle d'Espagne. — Je ne permettrai jamais que M. Fouché m'envoie des ordres, et s'immisce, pas plus que le prince de Neuchâtel, dans les affaires de l'administration intérieure de mes États. Le major général doit se borner à transmettre au lieutenant de l'Empereur les ordres de V. M. I. et R., et n'a rien à dire au roi d'Espagne. Le ministre de la police de France n'a rien à dire au roi d'Espagne. Tels sont mes principes, et à ces principes je suis prêt à sacrifier la couronne d'Espagne... » Joseph faisait suivre cette fière protestation de la réfutation détaillée des accusations que Napoléon, sur des rapports erronés, prétendait-il, avait dirigées contre le gouvernement du roi d'Espagne.

Mais ces plaintes continuelles et cette roideur devaient finir par lasser l'Empereur, ou du moins le dégoûter de correspondre directement avec son frère. Ses lettres devinrent plus rares, et il finit par n'en plus écrire. Toutefois le roi d'Espagne connut toujours, par une autre voie, les opinions de son frère sur son gouvernement. Berthier ou Clarke, ministre de la guerre, lui servirent d'intermédiaire. Parmi plusieurs pièces extrêmement curieuses, nous choisirons une lettre datée de Schœnbrunn, le 10 octobre 1809, et par laquelle le vainqueur d'Austerlitz et de Wagram, ce grand maître dans l'art de la guerre, exprimait au duc de Feltre son étonnement profond que le roi d'Espagne eût fait connaître publiquement la force de son armée. Citons textuellement :

« ... Je désire que vous écriviez au roi d'Espagne pour lui faire comprendre que rien n'est plus contraire aux règles militaires que de faire connaître la force de son armée, soit dans des ordres du jour, soit dans des proclamations, soit dans les gazettes ; que, lorsqu'on est induit à parler de ses forces, on doit les exagérer à les rendre redoutables, en en doublant ou en en triplant le nombre ; et qu'au contraire, lorsqu'on parle de la force de l'ennemi, on doit la diminuer de la moitié ou du tiers ; *qu'à la guerre tout est moral;* que le roi s'est éloigné de ce principe lorsqu'il a dit qu'il n'avait que 40,000 hommes, et qu'il a publié que les insurgés en avaient 120 mille... En un mot, donner la force morale à son ennemi est se l'ôter à soi-même ; car il est dans l'esprit de l'homme de croire qu'à la longue le petit nombre doit être battu par le plus grand ; les militaires les plus exercés ont peine, un jour de bataille, à évaluer le nombre d'hommes dont est composée l'armée ennemie, et, en général, l'instinct naturel porte à juger l'ennemi que l'on voit plus nombreux qu'il ne l'est réellement. Mais lorsqu'on a l'imprudence, en général, de laisser circuler des idées et d'autoriser soi-même des calculs exagérés sur la force de son ennemi, cela a l'inconvénient que chaque colonel de cavalerie qui va en reconnaissance voit une armée, et chaque capitaine de voltigeurs, des bataillons. Je vois donc avec peine la mauvaise direction que l'on a donnée à l'esprit de mon armée d'Espagne, en répétant qu'elle oppose 40 mille hommes à 120 mille. On n'a obtenu par ces déclarations qu'un résultat : c'est de diminuer notre crédit en Europe en faisant croire que notre crédit ne tenait à rien, et on a amoindri notre ressort moral en augmentant celui de l'ennemi ; car, encore une fois, à la guerre, le moral et l'opinion font plus de la moitié de la réalité. L'art des grands capitaines a toujours été de publier et de faire apparaître à l'ennemi leurs troupes comme très-nombreuses... Quand j'ai vaincu à Eckmühl l'armée autrichienne, j'étais un contre cinq, et cependant mes soldats croyaient être au moins égaux aux ennemis ; et encore aujourd'hui, malgré le long temps que nous sommes en Allemagne, l'ennemi ne connaît pas encore notre force, et nous nous étudions à nous faire croire tous les jours plus nombreux. Loin d'avouer que je n'avais à la bataille de Wagram que 100 mille hommes, je m'attache à persuader que j'en avais 220 mille. Constamment, dans mes campagnes d'Italie, où j'avais une poignée de monde, j'ai exagéré ma force ; cela a servi mes projets et n'a point diminué ma gloire.,. »

De son côté, Joseph ne déguisait rien non plus dans sa correspondance avec la reine Julie, sa femme. Le 8 novembre, il lui mande :

« ... Je n'ai aucune notion des articles de la paix (de Vienne) ; j'ignore si on s'est occupé de moi. L'Empereur paraît me bouder depuis quelques mois, *il ne m'écrit plus*. Cependant, ma conduite est irréprochable à mes propres yeux. et il n'y a pas d'apparence qu'elle varie jamais. Si elle lui a déplu, *elle lui déplaira encore ;* et cependant je ne puis rien être ici que par lui. Si ses sentiments sont changés, je dois désirer une position où je n'aie pas constamment besoin de toute la plénitude de sa puissance et de sa bienveillance affectueuse. Le métier que je fais est intolérable tel qu'il est aujourd'hui. Si les rapports de l'Empereur avec moi ne doivent pas changer, il faut que ma position change ; si sa conduite a eu pour objet de me dégoûter de l'Espagne, son but est rempli. *Toute autre destination politique me conviendra mieux.* S'il lui convient de me laisser retirer au fond d'une province, loin des routes fréquentées, avec ma famille et un très-petit nombre de personnes, je lui promets d'y vivre comme si je n'avais jamais connu d'autre état. Je ne paraîtrai jamais à Paris : des livres, des arbres, me distrairont, et mes enfants m'amuseront. Enfin, tout genre de vie me convient, nul n'est au-dessus ni au-dessous de moi ; mais l'humiliante posture qu'on voudrait me faire tenir sur le trône d'une grande nation ne me convient pas. Je veux savoir ce qu'on veut de moi, et me retirer si ce qu'on me demande répugne à ma fierté. Je ne veux pas être sous la tutelle de mes inférieurs ; je ne veux pas voir mes provinces administrées par des hommes qui n'ont pas ma confiance ; je ne veux pas être un enfant couronné, parce que je n'ai pas besoin de couronne pour être homme, et que je me sens assez grand par moi-même pour ne pas vouloir monter sur des échasses... Je demande à l'Empereur franchise et amitié, si je reste roi ; justice, si je rentre dans la vie privée... »

Il écrivit à Napoléon dans le même sens, le 19 novembre : « ... Il y a longtemps, Sire, que je n'ai plus de nouvelles de V. M. La paix même m'a été annoncée par les gazettes. Toutes les grandeurs où elle m'a porté me deviennent à charge, sans son affection habituelle. Si j'ai perdu votre amitié, trouvez bon que je me retire dans la plus obscure retraite ; sinon, je trouverai une mort glorieuse dans les hasards où le nom que je porte et les troupes que je commande ne m'ont jusqu'ici fait trouver que la victoire. Dans tout état de choses, rappelez-vous bien que vous n'avez jamais eu d'ami plus digne de vous, ni de frère plus tendre que moi ; et *craignez de vous en souvenir trop tard...* »

Napoléon continua de garder le silence jusqu'au

28 janvier 1810 ; il se servit alors de l'intermédiaire de Berthier, pour faire pressentir au roi d'Espagne de nouvelles et graves mesures :

« Mon cousin, vous ferez connaître au roi d'Espagne que mes finances se dérangent ; que je ne puis suffire aux énormes dépenses que me coûte l'Espagne ; qu'il devient indispensable que les fonds nécessaires pour le génie, l'artillerie, l'administration, les hôpitaux, chirurgiens et administrateurs de toute espèce, soient fournis par l'Espagne, ainsi que la moitié de la solde ; que nul n'est tenu à l'impossible ; que le roi doit nourrir l'armée d'Espagne ; que tout ce que je puis faire est de donner deux millions par mois pour supplément de solde ; que si cela ne peut avoir lieu, il n'y a plus qu'un moyen, *c'est de faire administrer les provinces pour le compte de la France,* vu que la situation de mes finances ne me permet plus de continuer de si grands sacrifices... »

Cette lettre annonçait le décret qui fut signé le 8 février suivant, et qui érigea en gouvernements militaires, en les mettant en état de siége, les provinces en deçà de l'Èbre, les plus rapprochées des frontières de France. Dès ce moment, l'autorité de Joseph, en sa double qualité de roi et de général en chef, fut resserrée dans les étroites limites de la Nouvelle-Castille.

En ordonnant, le 10 février, au prince Berthier, de notifier, au roi Joseph et au maréchal Soult, le décret relatif aux grands gouvernements militaires, Napoléon ajoutait ces mots : « ... Je ne puis plus faire face aux dépenses énormes de mon armée d'Espagne. Je veux que l'administration des pays conquis soit entre les mains des généraux qui commandent les provinces, afin que toutes les ressources soient appliquées aux dépenses de l'armée. Désormais, je ne pourrai plus envoyer que deux millions par mois pour la solde des troupes qui sont autour de Madrid, et qui forment le fond de l'armée... »

Joseph, roi d'Espagne, se voyait ainsi brusquement frappé dans son autorité et sa dignité. Cette fois, il était impossible de nier la légitimité de ses plaintes et la justice de ses reproches. Le 12 avril 1810, il écrivit à la reine Julie :

« ... Il m'importe de connaître quelles sont les véritables dispositions de l'Empereur pour moi; si j'en juge par les faits, elles sont mauvaises : je ne sais toutefois à quoi les attribuer. Que veut-il de moi et de l'Espagne? Qu'il m'annonce une fois sa volonté, et je ne serai plus placé entre ce que j'ai l'air d'être et ce que je suis réellement, dans un pays où les provinces soumises sont livrées à la discrétion des généraux, qui mettent les impôts qu'ils veulent et qui ont ordre de ne pas m'écouter. Si l'Empereur veut me dégoûter de l'Espagne, il faut y renoncer sur-le-champ : je ne veux plus, dans ce cas, que me retirer. L'essai de deux royaumes suffit, et je ne veux pas d'un troisième, car je veux vivre tranquille, acquérir une terre en France, loin de Paris, ou bien être traité en roi et en frère... »

Il confirmait ces intentions dans une lettre du 16 juillet : « ... Je suis bien décidé à ne jamais transiger avec mes devoirs : si on veut que je gouverne l'Espagne pour le bien seulement de la France, on ne doit pas espérer cela de moi. J'ai des devoirs de cœur et des besoins de reconnaissance envers la France, qui est ma famille; mais jamais, même dans la misère, je n'ai accoutumé mon âme à se dégrader pour le bien de ma famille. J'ai des devoirs de conscience en Espagne, je ne les trahirai jamais ; et je me complais trop dans le souvenir de ma vie passée, pour vouloir changer d'allure *aujourd'hui que je redescends la montagne...* Il faut que l'Empereur connaisse bien ma position ; qu'elle change sa justice, ou que je la fasse changer par ma retraite des affaires.... »

Il s'adressa à l'Empereur lui-même, le 8 août : « Ma position dans ce pays, toujours difficile, souvent déplorable, est telle aujourd'hui qu'elle ne peut continuer plus longtemps, si les dispositions prises et celles dont je suis menacé encore ont lieu. Je ferai en sorte que la réponse que j'attends de Votre Majesté me retrouve à Madrid ; mais je la supplie de ne pas me la faire attendre longtemps, car les choses sont plus fortes que les hommes ; et, le jour où je serai entièrement abandonné par ma garde, par mon service, par tout ce qui constitue un gouvernement, je n'aurai plus d'autre parti que celui de me rendre en France à la disposition de Votre Majesté, en la priant de trouver bon que je me réunisse à ma famille dont je suis séparé depuis six années, et que je retrouve, dans l'obscurité domestique, des affections et un calme que le trône m'a fait perdre, sans m'avoir rien donné en échange, *puisque ce n'est pour moi qu'un lieu de supplice d'où je contemple passivement la dévastation d'un pays que j'avais espéré pouvoir rendre heureux...* Si Votre Majesté m'ôte le commandement de l'armée d'Andalousie, et affecte exclusivement les revenus de ces provinces à l'armée, je n'ai pas d'autre parti à prendre qu'à quitter la partie ; et cette décision est tellement forcée qu'elle ne peut pas même m'être imputée... Car, enfin, que serai-je si on m'enlève l'armée d'Andalousie ? Le concierge des hôpitaux de Madrid, des dépôts de l'armée, le gardien des prisonniers? Sire, je suis votre frère ; vous m'avez présenté à l'Espagne comme un autre vous-même. Je sens toute l'exagération de cet éloge sous le rapport des talents ; mais je ne serai jamais au-dessous par la vérité de mon caractère, par la noblesse de mes sentiments, par ma tendre affection pour mon frère... » Tout le reste de la lettre est de ce ton. S'il est forcé de se retirer, dit-il encore, il craint bien que Napoléon ne voie pas la fin de cette terrible convulsion ; il pleure sur les misères de la nature humaine, sur la dispersion d'une famille jadis si unie, sur le changement survenu dans le cœur de son frère, sur l'affaiblissement graduel d'une gloire immense, qui doit être éternisée, poursuit-il, par les souvenirs des sentiments généreux et héroïques plus que par une immense puissance.

Enfin, pour faire apprécier toute l'amertume ou plutôt toute l'exaspération du roi Joseph, citons encore un passage remarquable de la lettre qu'il adressa le 21 août à la reine Julie, obligée de servir d'intermédiaire entre les deux frères, depuis que Napoléon avait cessé toute correspondance directe avec le roi d'Espagne : « ... Si l'on veut tenir à l'Espagne ce qu'on lui a promis, me donner toute autorité sur l'armée, avoir en moi la confiance qui m'est due, l'Espagne sera pacifiée, amie de la France dans un an : si on continue dans le système commencé depuis février, toute l'Espagne sera bientôt une ardente fournaise d'où personne ne se tirera avec honneur. On ne connaît pas cette nation. Oui, c'est un lion que la raison conduira avec un fil de soie, qu'un million de soldats ne réduiront pas par la force militaire. Tout est ici soldat, si on veut gouverner militairement ; tout sera ici ami, si on veut parler de l'indépendance de l'Espagne, de la liberté de la nation, de sa constitution, de ses cortès. Voilà la vérité ; qu'on choisisse. Le temps prouvera ce que je dis. Conserve cette lettre, *elle est prophétique...* »

Mais Napoléon resta immuable dans ses desseins. Malgré les plaintes incessantes et toujours plus vives de son frère, il ne révoqua point le décret du 8 février; bien au contraire, le maréchal Soult ayant exposé à Berthier qu'il lui serait difficile, dans sa nouvelle position de général en chef, d'être toujours d'accord avec les ministres du roi d'Espagne, Napoléon enleva définitivement à son frère le commandement général sur les troupes françaises, à l'exception de la nouvelle armée du centre.

Alors Joseph, s'adressant encore à la reine Julie, décrivit sa nouvelle position en ces termes : « ... Je n'ai plus aucun commandement et je suis devenu un fardeau inutile; j'ai réduit mon assignation civile à quarante mille réaux par jour, et, quelque modique qu'elle soit par rapport aux charges énormes qu'elle doit supporter, elle est impossible à payer sans ôter le pain à des soldats et à des magistrats... Je suis donc décidé à quitter l'Espagne, où je suis si déplacé, et à me rendre en France, prêt à faire tout ce qui conviendra à l'Empereur pour que mon éloignement des affaires fasse le moins de sensation possible. Je me rendrai près de lui dès qu'il m'aura témoigné qu'il désire me voir ; jusqu'à ce que j'aie obtenu cette permission, je m'arrêterai dans une terre que je désire que tu fasses louer à cinquante lieues de Paris, dans la Touraine, et que nous pourrons échanger dans la suite avec Mortefontaine... » Après avoir fait connaitre que le général Belliard, gouverneur de Madrid et chef d'état-major d'un corps qu'on appelle *du centre* et dont *on dit* le roi commandant, continuera de le commander, Joseph finissait par déclarer qu'il était prêt à retourner à Naples, si Napoléon le désirait.

Cette idée était exprimée avec plus de force dans une autre lettre, adressée au cardinal Fesch, qui avait été certainement chargé par l'Empereur d'essayer son influence sur le roi d'Espagne pour le retenir à Madrid. « Je n'ai, disait Joseph, aucun engagement antérieur avec les Napolitains, et y être comme j'y ai été, c'est tout ce qu'ils ont droit d'attendre de moi. Si cela contente l'Empereur, je suis prêt, comme je suis prêt à tout, plutôt que de contracter en Espagne des engagements que je ne pourrais pas tenir... »

Cette situation ne pouvait se prolonger. L'Empereur et le roi le comprirent également. Vers le milieu de 1811, le duc de Cadore, ayant demandé une audience à la reine Julie, lui dit que l'Empereur avait appris avec peine l'envoi en France du jeune Marius Clary, neveu de son mari, avec mission de traiter de l'acquisition d'une terre dans laquelle ce dernier avait l'intention de se retirer ; que les membres de la famille impériale ne pouvaient rien acquérir en France sans l'autorisation du chef de l'État ; que Joseph ne pouvait quitter son poste ; que les intérêts de l'Espagne devaient passer après ceux de l'Empire ; que, cependant, si Joseph était déterminé à quitter le trône, ce qui causerait un vif chagrin à l'Empereur, il fallait que les choses se fissent régulièrement, par une déclaration préalable envoyée à l'ambassadeur de France à Madrid, etc. Joseph, informé de ces ouvertures, parut, dans les premiers moments, disposé à en profiter. Mais, arrivé près du dénoûment, il recula, dans la crainte, selon M. Ducasse, de contrarier trop vivement l'empereur. Il se contenta d'envoyer à Napoléon une note dans laquelle, sans se prononcer définitivement, il disait que ce qui lui conviendrait le mieux, à lui, était la renonciation aux affaires politiques. Il écrivit presque en même temps au cardinal Fesch : « Ces deux dernières années m'ont vieilli de vingt ans, et je veux me retirer des affaires. » Le 4 mars, un aide de camp de Berthier arriva à Madrid, porteur d'une lettre du major général, dictée sans aucun doute par Napoléon et qui était conçue en termes affectueux. Berthier faisait entrevoir une guerre prochaine avec la Russie, annonçait la formation d'une armée de 200,000 hommes dans le nord de la France, ajoutait que le grand empire s'affermissait de plus en plus et que le roi d'Espagne secondait l'Empereur. « Nous apprécions, disait-on aussi, les privations et les difficultés de la position de Votre Majesté... » Ces privations étaient grandes, en effet; car, de son côté, Joseph manda à Berthier : « Qu'il n'avait pas d'expressions pour rendre la pénurie qu'éprouvaient tous les services; qu'il avait été obligé de vendre les vases sacrés de sa propre chapelle, pour payer le pain des troupes qui étaient à Madrid, et qu'il ne savait comment il ferait le lendemain. »

Joseph, prenant enfin un parti, résolut de se rendre en personne à Paris, pour traiter directement les affaires d'Espagne avec son frère. Il arriva à Paris le 15 mai, et, après ses conférences avec Napoléon, se montra disposé à reprendre le fardeau qu'il avait tant de fois voulu rejeter. L'Empereur lui avait, au surplus, donné l'assurance positive que les gouvernements militaires cesseraient bientôt et que les divers commandants seraient mis sous ses ordres; il lui avait encore promis de lui prêter un million par mois. D'autre part, il ne s'opposait plus à la réunion des cortès et consentait à ce que les troupes françaises sortissent d'Espagne lorsque Joseph croirait qu'elles ne lui étaient plus nécessaires.

Fort de ces témoignages de confiance, le roi Joseph rentra en Espagne le 27 juin et à Madrid le 15 juillet.

IV

Les assurances données par Napoléon, dans ses dernières entrevues avec son frère, avaient fait revenir le roi Joseph sur sa résolution de déposer la couronne hispanique. Il semblerait toutefois, d'après des révélations ultérieures, que Napoléon fût loin d'exercer encore une contrainte quelconque sur l'esprit de son frère : il paraît plus vrai qu'il le laissa libre de maintenir ou de retirer sa *démission*. Mais en lui donnant les apaisements qu'il désirait quant à sa position vis-à-vis des généraux français, et en y ajoutant des promesses généreuses pour le tirer de ses embarras financiers, l'Empereur l'avait, sinon réconcilié avec la royauté, du moins consolé et encouragé. En quittant la France, le 26 juin 1811, Joseph assura l'Empereur de son entière confiance et déclara que c'était sa principale force dans la *longue et pénible carrière* qu'il allait recommencer.

Mais, dès la fin du mois de juillet, le roi d'Espagne retomba dans un état moral voisin du découragement. Il faisait remarquer, non sans amertume, au prince Berthier et à l'Empereur lui-même, qu'il ne recevait point le million mensuel, si positivement promis. «... On commence à se demander : « Quels sont donc « les résultats du voyage du roi à Paris ? » Si cet état de choses dure, avant six mois nous évacuerons l'Espagne, faute de vivres. L'ennemi n'épargne pas l'argent. Quant à moi, pour tout dire d'un mot, puisque j'ai un chiffre, *je ne sais pas comment je payerai ma table dans huit jours ;* tous mes employés sont encore pis... » Voilà ce qu'il écrivait à Berthier le 24 août. Dans une autre lettre du 14 septembre, il ajoutait : « ... Je suis gardé par des soldats qui ne sont pas payés, servi par des administrateurs et des magistrats qui passent la moitié de leur temps à chercher les moyens de faire exister leur famille le lendemain. Il est de fait que, dans cette semaine, six personnes sont mortes de faim dans Madrid... » Cette situation affreuse était la conséquence d'une mauvaise récolte, dont les effets désastreux étaient venus s'ajouter aux calamités de la guerre. Le pain valait à Madrid 18 sous la livre, et le prix s'en éleva jusqu'à 30 sous. Joseph, s'adressant à M. Laforest, ambassadeur de France à sa cour, lui mandait, le 1ᵉʳ janvier 1812 : « ... Ma maison s'est soutenue jusqu'ici en engageant à Madrid le peu de diamants dont je me trouvais encore possesseur, et en devant à tout le monde pour les dépenses les plus journalières... La misère de mes employés civils est si grande, que j'ai tel de mes principaux fonctionnaires publics qui n'a pas de feu chez lui, tel autre qui n'a pas de pain ; il n'est pas de jour que je ne donne à des gens à qui il est dû par l'État dix mille francs d'appointements, cent francs. »

Cependant Napoléon, malgré tant d'autres soucis, ne perdit pas de vue les nécessités de la guerre d'Espagne. Le 9 octobre 1811, se trouvant à Utrecht, il avait prescrit au prince Berthier d'informer le roi d'Espagne que des ordres étaient donnés pour que l'argent qu'il désirait lui parvînt. Mais ces ordres furent incomplétement exécutés, puis forcément négligés au milieu des graves événements qui avaient surgi au Nord et qui allaient entraîner Napoléon dans les steppes de la Russie.

Dans la prévision de ces événements, Napoléon s'attachait plus fortement à son système *que la guerre devait nourrir la guerre*. Le 29 mai 1811, il mandait à Berthier : « ... Vous ferez comprendre au maréchal

Suchet que la guerre d'Espagne exige un tel accroissement de forces qu'il ne m'est plus possible d'y envoyer de l'argent... » Le 6 janvier 1812, il lui écrit ce billet extrêmement remarquable :

« Mon cousin, il y a dans les *Rêveries* du maréchal de Saxe, parmi beaucoup de choses extrêmement médiocres, des idées sur la manière de faire contribuer les pays ennemis sans fatiguer l'armée, qui m'ont paru bonnes. Lisez-les, et mettez-en le contenu dans une instruction qui sera destinée à être envoyée à vos généraux en Espagne. »

La détresse des différents corps de l'armée française en Espagne égalait au moins, si elle ne surpassait celle de la population civile. Marmont, surtout, avait prié, avec les plus vives instances, le prince Berthier, d'intervenir auprès de l'Empereur, pour qu'il envoyât trois ou quatre millions destinés aux subsistances, afin de tirer l'armée de la crise effrayante qu'elle aurait à traverser jusqu'à la prochaine récolte. Il redoubla ses instances dans une lettre datée de Salamanque, le 30 avril, et où il s'exprimait en ces termes :

« J'ose espérer que S. M. a accueilli ma demande, et qu'elle nous donnera des secours; mais si elle les avait refusés, et que je dusse rester ici, je la supplierais, au nom du salut de l'armée et de son honneur, de revenir sur sa décision, en lui demandant comme une faveur signalée de consacrer à ces secours la *valeur des dotations que je dois à ses bontés.* Quelle que soit la médiocrité de ma fortune, quel que soit le prix que j'attache à être personnellement au-dessus des besoins, le premier et le plus pressant que j'éprouve est celui d'un bon Français, celui de voir triompher ses armes; c'est d'être en situation de ne rien faire que d'utile pour le service de l'Empereur, et de n'attacher mon nom qu'à des événements dont le souvenir soit honorable pour l'armée qu'il m'a confiée... »

Le 9 juin suivant, Napoléon partit pour la campagne de Russie. Quelque temps auparavant, faisant droit à une des plaintes les plus vives de son frère, il l'avait chargé, pendant son absence, du commandement en chef de toutes les armées d'Espagne. Du reste, il n'écrivit pas au roi et ne lui transmit aucune direction certaine, aucune instruction précise sur la conduite des opérations. Dès ce moment, comme le fait observer M. Ducasse, les nouvelles de France devinrent rares, et non-seulement le payement du million mensuel, si solennellement promis, fut suspendu, mais même les anciens 500,000 fr. n'arrivaient pas exactement. Joseph, qui avait de nouveau annoncé l'intention d'abdiquer, jugea qu'il serait peu digne d'abandonner son poste dans le moment même où son frère réclamait de lui un éminent service. « L'attachement que je porte à mon frère, écrivit-il à la reine Julie, ne me permet pas de lui donner un souci de plus, s'il a ceux de la guerre du Nord. » Il resta en Espagne, non pour y régner, mais pour tâcher d'arrêter les progrès des insurgés et des Anglais.

En reprenant le commandement en chef des armées françaises en Espagne, le roi Joseph vit bientôt s'accroître les embarras de sa position et se multiplier les épines de sa couronne éphémère. Les maréchaux et les généraux, habitués depuis quelque temps à une grande indépendance, ne se soumirent que difficilement à l'autorité supérieure du roi. Le duc de Dalmatie surtout, qui venait d'exercer de si grands commandements, montra une insurmontable répugnance à se conformer aux instructions du roi. Par deux fois, ce dernier le mit dans l'alternative ou d'exécuter ses ordres ou de quitter son armée et de rentrer en France. « ... Votre devoir, lui écrivait-il le 17 août 1812, est d'exécuter mes ordres, et non de m'envoyer des instructions... Quelle que pût être la supériorité de vos vues, votre devoir est de les subordonner aux dispositions qui vous sont prescrites par celui qui vous donne des ordres... » Temporisant, au lieu de se soumettre, Soult s'adressa directement au duc de Feltre, ministre de la guerre, et le pria de faire connaître à l'Empereur les résultats funestes que produiraient les ordres du roi ainsi que les inductions fâcheuses auxquelles donnaient lieu plusieurs faits récents, notamment les insinuations portées au gouvernement insurrectionnel de Cadix.

« Je ne tire, disait-il, aucune conséquence de tous ces faits, mais j'en serai plus attentif. Cependant j'ai cru devoir déposer mes craintes entre les mains de six généraux de l'armée, après avoir exigé d'eux *le serment* qu'ils ne révéleront ce que je leur ai dit qu'à l'Empereur lui-même, ou aux personnes que S. M. aura spécialement déléguées pour en recevoir la déclaration, si auparavant je ne puis moi-même en rendre compte. Il est pourtant de mon devoir de manifester à V. E. que je crains que le but de toutes les fausses dispositions que l'on a prises, et celui des intrigues qui ont lieu, ne soient *de forcer les armées impériales en Espagne, à repasser au moins l'Èbre*, et ensuite de présenter cet événement comme l'unique ressource (expression du roi, lettre du 20 juillet), dans l'espérance d'en profiter *par quelque arrangement...* »

Le roi d'Espagne, ayant eu connaissance de cette grave dénonciation, en conçut une vive irritation. Il prit immédiatement la résolution d'envoyer jusqu'à Moscou un des meilleurs et des plus fidèles officiers de son état-major, le colonel Desprez, avec la mission de remettre à l'Empereur lui-même les lettres où il demandait justice du maréchal Soult.

Le colonel Desprez arriva à Moscou le 18 octobre au soir, lorsque déjà la retraite de l'armée était résolue et que les troupes se mettaient en mouvement. On l'annonça à l'Empereur, qui répondit d'abord d'une manière peu favorable. Cependant, au milieu de la nuit il fut appelé au Kremlin et remit à Napoléon les dépêches dont il était chargé. L'Empereur, sans les ouvrir, le questionna sur le contenu, puis se livra à des observations critiques sur les opérations de la dernière campagne d'Espagne. Venant ensuite à la lettre du duc de Dalmatie, il dit qu'elle lui était déjà parvenue par une autre voie, mais qu'il n'y avait attaché aucune importance ; que le maréchal Soult s'était trompé. « Je ne peux, ajouta-t-il, m'occuper de semblables pauvretés dans un moment où je suis à la tête de 500 mille hommes et où je fais des *choses immenses* (ce furent ses expressions). » Il dit aussi que les soupçons du duc de Dalmatie ne l'étonnaient que faiblement , que beaucoup de généraux de l'armée d'Espagne les partageaient, et pensaient que le roi préférait l'Espagne à la France ; qu'il savait parfaitement que le roi avait le cœur français, mais que ceux qui le jugeaient par ses discours devaient avoir une autre opinion. Il ajouta que le maréchal Soult était *la seule tête militaire* qu'il y eût en Espagne ; qu'il ne pouvait l'en retirer sans compromettre l'armée ; que, d'ailleurs, il devait être parfaitement tranquille sur ses intentions, puisqu'il venait d'apprendre par les journaux anglais qu'il évacuait l'Andalousie, et se réunissait aux armées du centre et d'Aragon ; que, cette réunion opérée, on devait être assez en force pour prendre l'offensive ; que, d'ailleurs, il n'avait point d'ordres à envoyer ; qu'il ne savait point en donner de si loin ; qu'il ne se dissimulait point l'étendue du mal, et qu'il regrettait plus que jamais que le roi n'eût point suivi *le conseil qu'il lui avait donné de ne pas retourner en Espagne.* Quant au colonel Desprez, il lui intima qu'il était inutile qu'il repartît et qu'il serait employé à la grande armée. Il fut chargé, sous les ordres du duc de Trévise, des travaux et de la défense du Kremlin. Il suivit ensuite l'armée dans la retraite fatale qui devait la dévorer.

Napoléon, après son entrevue avec Desprez, lut sérieusement les lettres de son frère, qui s'exprimait en ces termes :

« ... Je ne sais que dire des folles inductions de ce maréchal (le duc de Dalmatie) ; mais la communication qu'il en a faite à six généraux est, sans doute, le seul moyen qu'il a cru pouvoir employer pour détruire l'effet de l'ordre que je lui ai donné, par dépêche du 30 juin et 7 août, de remettre le commandement au plus ancien officier général, s'il continuait à se refuser à l'exécution de mes ordres pour l'évacuation de l'Andalousie ; c'est une révolte contre l'autorité que V. M. m'a confiée. La communication qu'il fait à Paris est aussi inconvenante ; ni l'une ni l'autre ne saurait rester impunie. Je demande justice à V. M. *Que le maréchal Soult soit rappelé, entendu et puni.* Je ne puis rester plus longtemps avec un tel homme : je suis inquiet de la conduite qu'il va tenir ; envoyez donc le plus tôt possible un général qui le remplace ; prenez un parti quelconque : jusque-là je ferai ce qui dépendra de moi pour empêcher, si je puis, la ruine totale des affaires, que la résistance d'un homme qui commande la plus grande armée, qui doit avoir beaucoup d'argent et des moyens d'intrigues, peut amener. »

Joseph désirait enfin que l'Empereur imposât à *tous*

les ambitieux de principautés indépendantes dans la Péninsule ; c'était une allusion directe à la conduite que le maréchal Soult avait tenue en Portugal.

Cependant Napoléon, qui faisait le plus grand cas du duc de Dalmatie, prit la résolution de temporiser. Il écrivit au duc de Feltre (de Moscou, 19 octobre) : « ... Vous sentez qu'éloigné comme je suis, je ne puis rien faire pour les armées d'Espagne. Vous devez faire connaître au roi et au duc de Dalmatie le peu de secours qu'ils doivent espérer, et combien il est nécessaire, dans leur position, qu'ils se réunissent, et diminuent, autant qu'il sera possible, les malheurs qu'un mauvais système a causés... » Il fallait alors dix-neuf jours pour échanger des communications entre Paris et Moscou. Avant d'avoir reçu la dépêche impériale, le duc de Feltre, à qui le roi d'Espagne avait adressé de nouvelles plaintes, lui écrivit :

« ... A la distance où l'empereur se trouve de la capitale, il est des choses sur lesquelles la politique force à fermer les yeux, du moins momentanément. Si la conduite du maréchal duc de Dalmatie est équivoque et cauteleuse, si ses démarches présentent le même aspect que celles qu'il paraît avoir faites, et qui ont précédé l'abandon du Portugal après la prise d'Oporto, il viendra un moment où l'Empereur pourra l'en punir, s'il le juge convenable. Et peut-être est-il moins dangereux où il est *qu'il ne le serait ici, où quelques factieux ont pu, du sein même des prisons qui les renfermaient, méditer en l'absence de l'Empereur une révolution contre l'Empereur et sa dynastie, et presque l'exécuter, le 2 et le 3 octobre dernier.* Je pense donc, Sire, qu'il est prudent de ne pas pousser à bout le maréchal duc de Dalmatie, tout en contrariant sous main les démarches ambitieuses qu'il pourrait tenter, et en s'assurant de la fidélité des principaux officiers de l'armée du Midi envers l'Empereur, et même de celle des Espagnols qu'il traine à sa suite. L'arme du ridicule, qu'il est facile de manier en cette occasion, suffira, ce me semble, pour déjouer ses coupables projets s'ils existent, et le ramener à son devoir, sauf à faire prendre par la suite des précautions pour qu'il ne s'en écarte jamais... »

Cependant le colonel Desprez, qui avait suivi la retraite jusqu'à Wilna, obtint, après le départ de l'Empereur, l'autorisation de revenir à Paris. Ce fut de cette ville qu'il adressa au roi Joseph, le 5 janvier 1813, un long rapport où il rendait compte de son entrevue avec Napoléon au Kremlin et où il retraçait, avec une vérité poignante, les effroyables désastres dont il avait été témoin. Ce rapport suivit en Espagne le vingt-neuvième bulletin de la grande armée, qui, en dévoilant une partie de la vérité sur la retraite de Moscou, avait déjà porté au comble l'effervescence des populations.

Les vicissitudes de la guerre d'Espagne aboutirent enfin à la bataille de Vittoria du 21 juin 1813, qui détermina le mouvement rétrograde des corps français jusqu'aux Pyrénées.

Malgré cette défaite, le roi Joseph n'avait rien perdu de sa fierté. Le 6 juillet, il data de Saint-Jean de Luz la réponse suivante à des observations émanées du duc de Feltre et qui avaient froissé sa susceptibilité :

« ... M. le maréchal Jourdan vous envoie les états de situation. Vous verrez que l'armée réunie sous mes ordres est de 46,000 combattants, et non 118,000. Sous Vittoria elle était de 35,000, et non de 118,000. Comme ce sont des faits, ils ne peuvent pas être contestés... L'ennemi avait certainement sous Vittoria plus de 70,000 combattants. Je ne me suis pas trompé lorsque j'ai dit qu'il avait des forces doubles des nôtres ; je ne me suis pas trompé, aujourd'hui, lorsque je crois qu'il a des forces beaucoup plus considérables que les nôtres... Vous me parlez souvent d'énergie et d'activité. Si vous jugez que, pour en faire preuve, il faille entrer en Espagne avec les 46,000 hommes que j'ai, donnez-m'en l'ordre positif au nom de l'Empereur. Mais, malheureusement, *vous ne me prescrirez jamais aucune mesure positive...* Ce serait ouvrir la France à l'ennemi et la fermer à l'armée actuelle, si elle avait la témérité de rentrer dans le cœur de l'Espagne ; puisqu'il est bien évident que les 46,000 hommes qui la composent aujourd'hui seraient réduits à 30,000 combattants en arrivant à Vittoria, et que 30,000 hommes ne peuvent plus rien dans un pays où l'exaspération de toutes les classes est à son comble... Je pense avoir fait assez preuve d'énergie et d'activité depuis que je suis en Espagne pour n'avoir laissé à personne le droit de me commander d'en avoir. Si tous les fonctionnaires publics, obligés par leur état d'avoir une opinion sur les affaires de la Péninsule, eussent dit et agi avec la même énergie que je l'ai fait depuis cinq ans, la France aurait aujourd'hui dans l'Espagne une alliée fidèle, et je serais sur la frontière, non pour défendre la France contre l'Espagne et l'Angleterre, mais pour combattre l'Angleterre avec les ressources de l'Espagne, et servir la France contre sa vieille ennemie, et, en lui donnant et mes soldats et mon sang, lui rendre tout ce que je lui dois. Il n'en a pas été ainsi. Je puis supporter le malheur, mais non les reproches indirects... »

Le maréchal Soult n'avait pris aucune part aux derniers événements. Depuis le commencement de l'année, Napoléon lui avait accordé un congé qui lui permettait de résider à Paris. En apprenant la défaite de Vittoria, l'empereur, par décret du 1er juillet, le désigna pour prendre le commandement en chef de l'armée d'Espagne. Lorsque le maréchal fut arrivé à Bayonne, le 12, Joseph Bonaparte se retira au château de Poyanne, où il congédia sa maison militaire, puis à Mortefontaine où il rejoignit sa famille. Il y eut alors un court répit dans cette existence condamnée à tant d'agitations et à des fortunes si diverses.

Mais il ne put jouir longtemps de ces doux loisirs de Mortefontaine, qu'il avait si amèrement regrettés lorsque, par la volonté de Napoléon, il se trouvait roi à Naples et à Madrid. Quand les armées étrangères furent sur le point d'envahir le sol de la France, il s'empressa d'écrire à l'Empereur (29 décembre 1813) afin de se mettre à sa disposition, se déclarant prêt à tout entreprendre pour lui prouver son dévouement. En même temps, il faisait, avec trop de solennité ou d'emphase, le sacrifice de ses droits *éventuels* à la couronne d'Espagne. « Je sais aussi, disait-il, ce que je dois à l'Espagne ; je sais mes devoirs et désire les remplir tous. Je ne connais de droits que pour les sacrifier au bien général de l'humanité : heureux si, par leur sacrifice, je puis contribuer à la pacification de l'Europe! Je désire que Votre Majesté trouve bon de charger un de ses ministres de s'entendre sur cet objet avec M. le duc de Santa-Fé, *mon ministre des affaires étrangères.* »

La réponse si rude de Napoléon mérite d'être lue et méditée. Elle dissipait toutes les illusions (s'il en restait encore); elle terminait brusquement, à peu près comme elle avait été entamée, la funeste et déplorable tentative contre l'indépendance de l'Espagne. Cerné par les armées européennes, Napoléon brisait d'un mot ce trône qui avait tant coûté à la France. Il s'exprimait en ces termes :

« Mon frère, j'ai reçu votre lettre du 29 décembre. *Il y a trop d'esprit pour la position où je me trouve.* Voici en deux mots la question : La France est envahie, l'Europe tout en armes contre la France, mais surtout contre moi. *Vous n'êtes plus roi d'Espagne.* Je ne veux pas l'Espagne pour moi, ni je n'en veux pas disposer ; mais je ne veux plus me mêler des affaires de ce pays *que pour y vivre en paix* et rendre mon armée disponible. Que voulez-vous faire? Voulez-vous, comme prince français, venir vous ranger auprès du trône? Vous avez mon amitié, votre apanage, et serez mon sujet en votre qualité de prince du sang. Il faut alors faire comme moi, avouer votre rôle : m'écrire une lettre simple que je puisse imprimer, recevoir toutes les autorités, et vous montrer zélé pour moi et pour le roi de Rome, et ami de la régence de l'impératrice. Cela ne vous est-il pas possible? N'avez-vous pas assez de bon jugement pour cela? Il faut vous retirer à quarante lieues de Paris, dans un château de province, obscurément : vous y vivrez tranquille, si je vis ; vous y serez tué ou arrêté, si je meurs. Vous serez inutile à moi, à la famille, à vos filles, à la France ; mais vous ne me serez pas nuisible et ne me gênerez pas. Choisissez promptement et prenez votre parti. »

Joseph Bonaparte accepta la nouvelle position qui lui était offerte : il vint se ranger près du trône impérial, et son frère lui rendit toute son affection. Pendant qu'il combattrait les alliés qui s'avançaient sur le sol de la France, Napoléon voulut laisser à Paris un lieutenant d'une fidélité et d'une loyauté à toute épreuve. Joseph Bonaparte accepta cette grande et difficile mission, et il la remplit avec une intelligence, un dévouement et une énergie qui ont été ignorés de presque tous les historiens. Les documents authentiques, exhumés par M. Ducasse, permettent de rétablir la vérité sur la noble conduite de Joseph Bonaparte pendant la crise formidable où l'empire allait disparaître.

V

Deux reproches graves pesaient sur la mémoire du roi Joseph : on l'accusait de n'avoir pas organisé la défense nationale de Paris, bien qu'il eût à sa disposition des moyens suffisants ; en second lieu, on lui imputait d'avoir méconnu, sinon la lettre, du moins l'esprit des instructions de l'Empereur, en exigeant, le 29 mars, le départ précipité de l'impératrice Marie-Louise et du roi de Rome.

Or, en ce qui concerne le premier grief, les lettres publiées par M. Ducasse disculpent complétement le roi Joseph. Ni lui ni le ministre Clarke ne purent refuser à vingt mille braves vingt mille fusils renfermés dans l'arsenal, comme l'affirme Norvins ; ils ne le purent pas par une raison péremptoire : ces vingt mille fusils n'existaient point. Le 11 février, le roi Joseph écrivit à l'Empereur : «... Votre Majesté sait ce qui nous manque malheureusement. La garde nationale éprouve le même besoin : c'est le manque d'armes qui doit rendre supportables les conditions de l'ennemi... » Le 11 mars, il répondait à de nouvelles instances de Napoléon : «... Loin d'avoir trente mille fusils, il n'y en a pas six mille en état de servir, et ces six mille sont employés à l'armement journalier des bataillons de la garde impériale et de la ligne... » Croyons M. Ducasse lorsqu'il déclare impartialement qu'en 1814, la France, après tant de guerres, avait le malheur d'être dépourvue d'armes, et que ce fut là une des causes qui firent succomber l'empire.

Quant au second point, il n'est pas moins facile de démontrer que le roi Joseph sacrifia sa propre opinion à la volonté formelle et inébranlable de l'Empereur. Avant de quitter Paris pour se mettre à la tête de cette armée avec laquelle il allait accomplir des prodiges, Napoléon avait enjoint verbalement à son frère d'éloigner de la capitale l'impératrice et le roi de Rome. Cette redoutable éventualité devint la préoccupation constante, le cauchemar du roi Joseph : dans son opinion, abandonner Paris, c'était abandonner l'empire, tandis que, pour Napoléon, Paris n'était pas la France. Napoléon pensait que Paris pouvait être pris sans que l'empire croulât; mais l'impératrice et le roi de Rome prisonniers, « tout alors, disait-il, serait perdu. » Le roi Joseph, convaincu que son frère se trompait, s'efforça de lui faire mieux peser les graves inconvénients de sa résolution, et, pour mettre sa propre responsabilité à couvert, de l'amener à une énonciation plus formelle et plus claire de sa volonté. Dès le 7 février, il lui écrit: «... Il me semble que Votre Majesté m'a dit que les princesses devraient suivre l'impératrice. S'il en était autrement, il faudrait que je le susse d'une manière positive. Je fais bien des vœux pour que le départ de l'impératrice puisse n'avoir pas lieu. Nous ne pouvons nous dissimuler que la consternation et le désespoir du peuple pourront avoir de tristes et funestes résultats. Je pense, avec toutes les personnes dont on pourrait apprécier l'opinion, qu'il faudrait supporter bien des sacrifices, *avant d'en venir à cette extrémité.* Les hommes attachés au gouvernement de Votre Majesté craignent que le départ de l'impératrice ne livre le peuple de la capitale au désespoir, *et ne donne une capitale et un empire aux Bourbons.* Tout en manifestant les craintes que je vois sur tous les visages, Votre Majesté peut être assurée que ses ordres seront exécutés, pour ma part, très-fidèlement, dès qu'ils me seront arrivés... »

Napoléon, qui était à Nogent, répondit, le lendemain, par la lettre suivante, qu'il faut transcrire entièrement comme une des pièces capitales du **précieux** recueil édité par M. Ducasse :

« Nogent, 8 février 1814, onze heures du matin. — Mon frère, j'ai reçu votre lettre du 7 à onze heures du soir ; elle m'étonne beaucoup. Je vous ai répondu sur l'événement de Paris, pour que vous ne mettiez plus en question la fin, qui touche à plus de gens qu'à moi. Quand cela arrivera, je ne serai plus ; par conséquent, ce n'est pas pour moi que je parle. Je vous ai dit, pour l'impératrice et le roi de Rome, et notre famille, ce que les circonstances indiquent, et vous n'avez pas compris ce que j'ai dit. Soyez bien certain que si le cas arrivait, ce que je vous ai prédit arrivera infailliblement : je suis persuadé qu'elle-même a ce pressentiment... Je vous répète, en deux mots, que Paris ne sera jamais occupé de mon vivant. J'ai droit à être cru par ceux qui m'entendent... Après cela, si par des circonstances que je ne puis prévoir, je me portais sur la Loire, je ne laisserai pas l'impératrice et mon fils loin de moi, parce que, dans tous les cas, il arriverait que l'un et l'autre seraient enlevés et conduits à Vienne ; que cela arriverait bien davantage si je n'existais plus. Je ne comprends pas comment pendant ces menées auprès de votre personne, vous couvrez d'éloges si imprudents les propositions de traîtres, si dignes de ne conseiller rien d'honorable : ne les employez jamais, même dans un cas le plus favorable... J'avoue que votre lettre du 7 m'a fait mal, parce que je ne vois aucune tenue dans vos idées, et que vous vous laissez aller aux bavardages et opinions d'un tas de personnes qui ne réfléchissent pas. Oui, je vous parlerai franchement. Si Talleyrand est pour quelque chose dans cette opinion *de laisser l'impératrice à Paris, dans le cas où l'ennemi s'en approcherait, c'est trahir.* Je vous le répète, méfiez-vous de cet homme ! Je le pratique depuis seize ans, j'ai même eu de la faveur pour lui, mais c'est sûrement le plus grand ennemi de notre maison, à présent que la fortune l'a abandonnée depuis quelque temps. Tenez-vous aux conseils que je vous ai donnés. J'en sais plus que ces gens-là. S'il arrivait bataille perdue et nouvelle de ma mort, vous en seriez instruit avant ma maison. Faites partir l'impératrice et le roi de Rome pour Rambouillet ; ordonnez au sénat, au conseil d'État et à toutes les troupes de se réunir sur la Loire ; laissez à Paris un préfet ou un commissaire impérial, ou des maires. Je vous ai fait connaître que je pensais que Madame (Lætitia) et la reine de Westphalie pourraient bien rester à Paris..., mais ne laissez jamais tomber l'impératrice et le roi de Rome entre les mains de l'ennemi. Soyez certain que, dès ce moment, l'Autriche étant désintéressée, l'emmènerait à Vienne avec un bel apanage ; et, sous ce prétexte de voir l'impératrice heureuse, on ferait adopter aux Français tout ce que le régent d'Angleterre et la Russie pourraient leur suggérer... L'intérêt même de Paris est que l'impératrice et le roi de Rome n'y restent pas, *parce que l'intérêt ne*

6.

peut pas être séparé de leur personne, et que, depuis que le monde est monde, je n'ai jamais vu qu'un souverain se laissât prendre dans des villes ouvertes ; ce serait la première fois... »

La fin de cette lettre était encore plus digne d'attention. Napoléon poursuivait en ces termes :

«... Dans les circonstances bien difficiles de la crise des événements, on fait ce qu'on doit, et on laisse aller le reste. Or, si je vis, on doit m'obéir, et je ne doute pas qu'on s'y conforme ; si je meurs, mon fils régnant et l'impératrice régente doivent, pour l'honneur des Français, *ne pas se laisser prendre, et se retirer au dernier village...* Souvenez-vous de ce qu'on disait de la femme de Philippe V. Que dirait-on, en effet, de l'impératrice ? Qu'elle a abandonné le trône de son fils et le nôtre ; et les alliés aimeraient mieux de tout finir en les conduisant prisonniers à Vienne. Je suis surpris que vous ne conceviez pas cela ! Je vois que la peur fait tourner toutes les têtes à Paris. L'impératrice et le roi de Rome à Vienne, ou entre les mains des ennemis, vous et ceux qui voudraient se défendre, seraient rebelles. Quant à mon opinion, je préférerais qu'on égorgeât mon fils, plutôt que de le voir jamais élevé à Vienne comme prince autrichien ; et j'ai assez bonne opinion de l'impératrice pour être aussi persuadé qu'elle est de cet avis, autant qu'une femme et qu'une mère peuvent en être. Je n'ai jamais vu représenter *Andromaque* que je n'aie plaint le sort d'Astyanax survivant à sa maison, et que je n'aie regardé comme un bonheur pour lui de ne pas survivre à son père. Vous ne connaissez pas la nation française. Le résultat de ce qui se passerait dans ces grands événements est incalculable... »

Le roi Joseph objecta avec calme que personne n'était pour rien, ni directement ni indirectement, dans ce qu'il avait écrit à l'empereur avec un entier abandon, tel que cela se présentait à son esprit. Du reste, il ajouta :

«... Votre Majesté peut être assurée que ses intentions seront remplies autant que cela dépendra de moi, et que, dans divers cas, cette lettre pourra être utile à l'accomplissement de votre volonté, *puisqu'elle en est l'expression ;* et que, sous ce rapport, ma lettre aura obtenu un grand but, celui de l'*expression écrite de la volonté de Votre Majesté, ce qui peut devenir indispensable pour décider divers personnages, dont l'incertitude sera ainsi terminée...* »

Toutefois, ce ne fut pas cette lettre du 8 février qui fut montrée plus tard au conseil, mais une autre encore plus impérative. Elle était datée de Reims, le 16 mars, et conçue en ces termes :

« Reims, 16 mars 1814. — Conformément aux instructions verbales que je vous ai données, et à l'esprit de toutes mes lettres, vous ne devez pas permettre que, dans aucun cas. l'impératrice et le roi de Rome tombent entre les mains de l'ennemi. Je vais manœuvrer de manière qu'il serait possible que vous fussiez plusieurs jours sans avoir de mes nouvelles. *Si l'ennemi s'avançait sur Paris avec des forces telles que toute résistance devînt impossible, faites partir dans la direction de la Loire la régente, mon fils,* les grands dignitaires, les ministres, les officiers du sénat, les présidents du conseil d'État, les grands officiers de la couronne, le baron de la Bouillerie et le trésor. Ne quittez pas mon fils, et *rappelez-vous que je préférerais*

*le savoir dans la Seine que dans les mains des ennemis
de la France;* le sort d'Astyanax, prisonnier des Grecs,
m'a toujours paru le sort le plus malheureux de l'histoire. »

Avant de rappeler dans quelles circonstances il fut
fait usage de cet ordre, il convient de signaler quelques
autres lettres qui indiqueront la marche des événements en même temps qu'elles jetteront un plus grand
jour sur le caractère de Napoléon. On sait que, au
moment de pénétrer sur le territoire français, les alliés,
par une déclaration datée de Francfort le 1er décembre
1813, avaient offert à l'empereur des Français de lui
laisser un territoire limité par le Rhin, les Alpes et les
Pyrénées. Six semaines après, lorsqu'ils étaient au
cœur de la France, ils lui offraient encore, par les préliminaires de Châtillon, la monarchie de Louis XIV,
c'est-à-dire les *anciennes limites* du royaume. Mais
Napoléon, après avoir accepté trop tard les propositions
de Francfort, ne voulut point consentir à déchoir, dans
un moment surtout où il venait de battre successive-
ment les Russes à Champ-Aubert, 10 février, les Prus-
siens à Montmirail, 14 février, et les Autrichiens à
Montereau, 18 février. Enivré par ces succès, dont il
s'exagérait malheureusement les résultats, il écrivit à
son frère :

« Nangis, 18 février 1814. — Le prince de Schwartzenberg vient enfin de nous donner signe de vie.
Il vient d'envoyer un parlementaire pour demander
une suspension d'armes... Je n'accorderai aucun ar-
mistice qu'ils n'aient purgé mon territoire. D'après les
nouvelles que j'ai, tout a changé chez les alliés. L'empereur de Russie, qui, il y a peu de jours, avait rompu

les négociations, parce qu'il voulait pour la France
des conditions pires que les anciennes limites, désire
les renouer; et j'ai l'espérance que j'arriverai promptc-
ment à une paix fondée sur les bases de Francfort, ce
qui est le *minimum* de la paix que je puisse faire avec
honneur. Avant de commencer mes opérations, je leur
ai fait offrir de signer sous la condition des *anciennes
limites,* pourvu qu'ils s'arrêtassent sur-le-champ. Cette
démarche a été faite par le duc de Vicence le 8. Ils ont
répondu négativement, en disant que même la signa-
ture des préliminaires n'arrêterait point les hostilités,
lesquelles ne pouvaient l'être que lorsque tous les articles de paix seraient signés. Cette inconcevable réponse
a été punie; et, hier, 17, ils me demandent un armi-
stice! Vous concevez que, me voyant à la veille d'une
bataille dans laquelle j'étais décidé à vaincre ou à périr,
et dans laquelle, si je cédais, ma capitale eût été prise,
j'eusse consenti à tout pour éviter cette grande chance.
Je devais ce sacrifice à mon amour-propre, à ma
famille et à mon peuple ; mais dès qu'ils ont refusé, que
la chance de la bataille a eu lieu, et que tout est rentré
dans les chances d'une guerre ordinaire, où le résultat
d'une bataille ne peut plus menacer ma capitale, et que
toutes les données possibles sont pour moi, je dois à
l'intérêt de l'empire et à ma gloire de négocier une
véritable paix. Si j'avais signé les *anciennes limites,*
j'aurais couru aux armes deux ans après, et j'aurais dit
à la nation que ce n'était point une paix que j'avais
signée, mais une *capitulation.* Je ne pourrais le dire
d'après le nouvel état de choses, puisque la fortune
étant revenue de mon côté, je suis maître de mes conditions. L'ennemi est dans une position bien différente
de celle où il se trouvait lors des bases de Francfort, et
avec l'espèce de certitude qu'il ramènera bien peu de

monde au delà des frontières. Sa cavalerie est excessivement fatiguée et à bas ; son infanterie est lasse de ses mouvements et contre-mouvements ; enfin, il est entièrement découragé. J'espère donc pouvoir faire une paix telle que tout homme raisonnable peut la désirer ; *et mes désirs ne vont pas au delà des propositions de Francfort...* »

Le roi Joseph, avec plus de sang-froid et de prévoyance, suppliait son frère d'abandonner de fatales illusions et de se contenter, lorsqu'il le pouvait encore, du royaume sur lequel avaient régné Louis XIV et ses successeurs. « La situation du trésor, des arsenaux, disait-il, n'est plus un secret pour personne, et quels que soient les prodiges que l'on espère encore de l'expérience et de l'habileté de Votre Majesté, on ne pense pas qu'elle puisse lutter seule contre les difficultés des choses et des hommes. » Ses instances, ses supplications devinrent plus vives et plus pressantes de jour en jour. Le 22 février, il écrivit à Napoléon :

« ... Je suppose que nous sommes à la veille d'une bataille. Quels qu'en soient les résultats, *l'état actuel ne peut durer.* Les deux ministres m'ont déclaré devant l'archichancelier que l'administration tombe partout en dissolution, que l'argent manque, et le système des réquisitions finit par neutraliser toutes les affections et isoler le gouvernement. *Quelque dures que soient ces vérités*, comme Votre Majesté ne peut pas les entendre de la bouche de ses ministres, je n'hésite pas à m'imposer le pénible devoir de vous les faire connaître... »

Le 9 mars, apprenant le nouveau succès remporté à Craonne, il adressa à Napoléon des prières plus dignes encore d'attention :

« ... Après la nouvelle victoire que vous venez de remporter, vous pouvez signer glorieusement la paix *avec les anciennes limites*. Cette paix rendra la France à elle-même après la longue lutte commencée depuis 1792, et n'aura rien de déshonorant pour elle, *puisqu'elle n'aura rien perdu de son territoire*, et qu'elle aura opéré dans son intérieur les changements qu'elle aura voulus... »

Enfin, le 11 mars, il transmet à son frère un dernier avertissement :

« ... Il résulte de tout ce qui m'a été dit par les ministres, par les chefs de la garde nationale, par tout ce que je connais de personnes attachées à l'ordre actuel, que la paix est forcée par la nature des choses. Il n'est point d'individu dans Paris qui n'en fît hautement la demande, si on ne craignait de vous déplaire ; et, dans le fait, il ne saurait y avoir que vos ennemis qui puissent vous engager à refuser la paix avec les anciennes limites... Le mois de mars s'écoule, et les terres ne s'ensemencent point... Votre Majesté doit sentir qu'il n'y a plus d'autre remède que la paix, et *la paix la plus prochaine*. Chaque jour de perdu nous fait personnellement un tort considérable ; la misère particulière est à son comble, et le jour où l'on serait convaincu que Votre Majesté aurait préféré la prolongation de la guerre à une paix même désavantageuse, il n'est pas douteux que la lassitude tournera les esprits d'un autre côté. Si Toulouse ou Bordeaux protégent un Bourbon, vous aurez la guerre civile, et l'immense population de Paris sera pour celui qui laissera entrevoir une plus prochaine paix. Telle est la disposition des esprits : il n'est donné à personne de les changer. Dans une telle disposition. il n'y a d'autre parti à prendre que celui de s'arranger.

Si la paix est mauvaise, ce ne sera pas de notre faute, puisqu'elle sera dictée par toutes les classes de la société. Je ne peux pas me tromper, parce que ma manière de voir est conforme à celle de tous : nous sommes à la veille d'une dissolution totale ; *il n'y a d'autre salut que dans la paix...* »

Les réponses de Napoléon étaient brusques et fières ; il semblait vouloir se montrer supérieur au destin qui l'entraînait.

Il écrit à son frère, de Soissons, le 13 mars :

« ... Partout, j'ai des plaintes du peuple contre les maires et les bourgeois, qui les empêchent de se défendre : je vois la même chose à Paris. Le peuple a de l'énergie et de l'honneur ; je crains bien que ce ne soient certains chefs qui ne veulent pas se battre, et qui seront tout sots, après l'événement, de ce qui leur sera arrivé à eux-mêmes... »

Le 14 mars, il lui adresse de Reims cette lettre significative :

« ... La garde nationale de Paris fait partie du peuple de France, et tant que je vivrai, je serai le maître partout en France. Votre caractère et le mien sont opposés : vous aimez à cajoler les gens et à obéir à leurs idées ; moi, j'aime qu'on me plaise et qu'on obéisse aux miennes. Aujourd'hui, comme à Austerlitz, je suis le maître. Ne souffrez pas que personne cajole la garde nationale, ni que Regnaud, ou tout autre, s'en fasse le tribun. Je suppose cependant qu'ils font une différence du temps de la Fayette où le peuple était le souverain, avec celui-ci où c'est moi qui le suis. J'ai pris un décret pour lever dans Paris douze bataillons de la levée en masse ; il faut donc qu'on n'arrête l'exécution de cette mesure sous aucun prétexte... »

Enfin, le 16, il transmet au roi Joseph ses dernières instructions et s'enfonce ensuite vers l'Est, espérant dégager Paris en entraînant les alliés sur ses pas. Mais Blücher et Schwartzenberg, ayant opéré leur jonction le 23, écrasent à la Fère-Champenoise, le 25, les faibles corps des maréchaux Marmont et Mortier, et, le 29, ils sont avec leurs masses sous Paris. Les défenseurs de la capitale de l'empire se composent des deux corps des ducs de Raguse et de Trévise, réduits à 16,000 ou 17,000 combattants, quelques milliers de gardes nationaux mal armés, quelques batteries servies par les élèves des écoles et les invalides, et enfin quelques centaines de soldats non encore dirigés sur l'armée active. L'éventualité indiquée par Napoléon était donc arrivée. Aussi, le 29, le roi Joseph réunit-il, sous la présidence de l'impératrice, un conseil privé composé des grands dignitaires, des ministres, des présidents des sections du Conseil d'État et du président du Sénat. Comme la majorité de ce conseil était d'avis que l'impératrice ne devait point quitter Paris, le roi se vit obligé de faire connaître la volonté si formellement exprimée par l'Empereur et de produire sa lettre du 16 mars. Il fallut alors se résigner.

L'ancien secrétaire des commandements de Marie-Louise, M. de Menneval, témoin de ces scènes historiques, raconte que, après la séance du conseil, qui se prolongea au delà de minuit, le roi Joseph et l'archichancelier suivirent l'impératrice chez elle. Ils échangèrent quelques paroles sur les fâcheuses conséquences que pouvait avoir l'abandon de Paris, puis se hasardèrent à dire que l'impératrice seule pouvait prescrire le parti à prendre dans une si grave conjoncture. La réponse de l'impératrice fut qu'ils étaient ses conseillers obligés, et qu'elle ne prendrait pas sur elle de donner un ordre contraire à celui de l'Empereur et à la délibération du conseil privé, sans avoir leur avis en forme et signé. Tous deux refusèrent d'assumer sur eux cette responsabilité. L'entretien se termina par cette déclaration de l'impératrice, que, dût-elle tomber dans la Seine avec son fils, comme le disait l'Empereur, elle n'hésiterait pas un moment à partir, et que le désir qu'il avait si formellement exprimé était un ordre sacré pour elle.

Peut-on blâmer la conduite du roi Joseph et de l'archichancelier Cambacérès? A cette question qu'il se fait à lui-même, M. de Menneval répond : « Si l'honneur et la fidélité ne sont pas de vains mots, leur était-il permis de sacrifier l'homme qui s'était confié à leur foi, et de traiter avec l'ennemi, de lui et sans lui ! S'ils avaient consenti à la déchéance de l'Empereur, car c'était s'engager en contrevenant à son ordre, ils pouvaient sans doute obtenir : l'impératrice, la reconnaissance de son fils ; le roi Joseph, la lieutenance générale du royaume, et l'archichancelier, la conservation de ses dignités ; mais à quel prix ?... »

Le roi Joseph, ignorant encore les scènes décisives de Fontainebleau, continua ses efforts en faveur de Napoléon et de son fils. Le 9 avril, il écrivit au général Bertrand :

« ... Pressez l'Empereur pour qu'il prenne un parti décidé et prompt. Qu'il sache bien que la France veut la paix, un système monarchique libéral, mais n'aime et ne veut pas les Bourbons. S'ils retournent au trône, ce sera malgré le peuple, et par la faute du gouvernement impérial... »

Enfin, le 10 avril, jour marqué pour la seconde abdication de Napoléon, le roi Joseph adressa d'Orléans à son frère ces derniers conseils, qui, du reste, ne pouvaient plus arrêter le cours des événements :

«... Tout ce qui se passe, Sire, justifie trop complétement mes vieilles et funestes prédictions. Il faut prendre un parti décidé et finir cette cruelle agonie. Pourquoi ne pas recourir à l'Autriche, s'il le faut? Votre fils est le petit-fils de François! Pourquoi ne pas parler aux Français un langage vrai, et, enfin, proclamer la paix, abolir la conscription, les droits réunis, pardonner à tout le monde, adopter une constitution vraiment monarchique? La France veut la paix, une monarchie libérale, mais la France ne veut pas de Bourbons. Elle les préfère à la guerre éternelle, mais elle ne reçoit les Bourbons que comme un châtiment imposé ; elle s'y résigne, parce qu'elle est vaincue... »

Pendant le premier exil de Napoléon, le roi Joseph, qui avait pris le titre de comte de Survilliers, se retira en Suisse où il habita le château de Prangins. En apprenant le débarquement de l'Empereur à Cannes, il s'empressa de quitter cet asile et revint à Paris reprendre sa place à côté du trône. Mais la *Correspondance* n'offre que peu de renseignements nouveaux sur les Cent-Jours. On peut néanmoins signaler les lettres datées de Beaumont et de Charleroi, et qui marquent les étapes de l'Empereur jusqu'à Waterloo. Après cette dernière catastrophe, Joseph Bonaparte s'embarqua pour l'Amérique et fonda un établissement à Pont-Breeze. Il y résida jusqu'en 1852, revint alors en Europe, habita Londres pendant plusieurs années, et alla enfin mourir à Florence, le 28 juillet 1844.

La *Correspondance*, continuée jusqu'en 1840, contient sur la dernière période de la longue carrière de Joseph Bonaparte une foule de documents précieux. On y remarque surtout des lettres fort curieuses de Merlin de Douai, du peintre David, de Thibaudeau et des autres personnages exilés à Bruxelles pendant la Restauration. On y trouve aussi des communications extrêmement intéressantes de Las Cases, d'O'Méara, de Montholon et de Bertrand sur la vie de Napoléon à Sainte-Hélène et sur ses derniers moments. On distinguera particulièrement les conseils que l'Empereur destinait à sa famille pour qu'elle s'emparât, par des mariages, des plus grandes positions de Rome, *et qu'elle arrivât à la papauté.*

Quant à Joseph Bonaparte, depuis son départ pour l'Amérique jusqu'à son dernier jour, il n'eut qu'un but : justifier l'Empereur aux yeux des constitutionnels et des libéraux, en soutenant que le système napoléonien avait été mal jugé. Selon le roi Joseph, le despotisme, dans ce système, n'avait été qu'un accident, nécessité par des circonstances extérieures, et un jour devait venir où la France aurait été dotée par l'empereur Napoléon des institutions les plus libérales. Cette idée, quelque extraordinaire et quelque mal fondée qu'elle parût, même aux admirateurs de Napoléon, le roi Joseph l'exprimait sans relâche, et non sans éloquence, dans des lettres destinées à *éclairer* les publicistes influents et les historiens de l'Empire. Thibaudeau ayant attribué à Napoléon les pas rétrogrades de la France régénérée en 1789, Joseph lui répond :

« ... Je suis fâché de n'avoir pas porté dans votre âme la conviction qui est dans la mienne. Je suis convaincu que Napoléon voulait laisser une monarchie constitutionnelle sur les bases de la représentation nationale, celle de l'égalité et de la liberté; les grands obstacles intérieurs et extérieurs l'ont forcé à dissimuler ses vues ultérieures... Il a été terrassé dans la lutte; on ne peut juger de ce qu'il eût fait après Actium; moi, je dis ce que je sais. Les hommes impartiaux, et qui n'ont vu que les faits extérieurs, diront qu'il est probable que Napoléon eût été aussi supérieur à Auguste qu'il l'avait été à Octave; qu'un homme d'autant de génie ne pouvait vouloir que ce qui était convenable au peuple français; et que, s'il vivait aujourd'hui, *il rendrait la France aussi heureuse par ses institutions que l'heureux pays que j'habite*, qui prouve que les institutions libérales rendent les peuples heureux et sages. Le Code Napoléon dépose en faveur des institutions libérales de son auteur; c'est par les institutions de ce genre qu'il faut le juger, et non par des actes, des faits particuliers autorisés par la guerre, et qui souvent n'étaient que des manœuvres pour masquer ses véritables intentions, et faire marcher à la suite telle corporation, telle classe, tel cabinet dont il avait besoin dans le moment actuel... »

Certes, il nous serait facile de mentionner encore, dans cette vaste collection de papiers d'État, un grand nombre de pièces dignes d'attention. Mais les extraits que nous avons donnés suffisent et au delà pour démontrer l'intérêt puissant et l'extrême importance de la *Correspondance du roi Joseph*. Si elle révèle, à bien des égards, le secret de la grandeur de Napoléon Ier, elle fait aussi découvrir et comme toucher du doigt les causes de sa chute.

FIN.

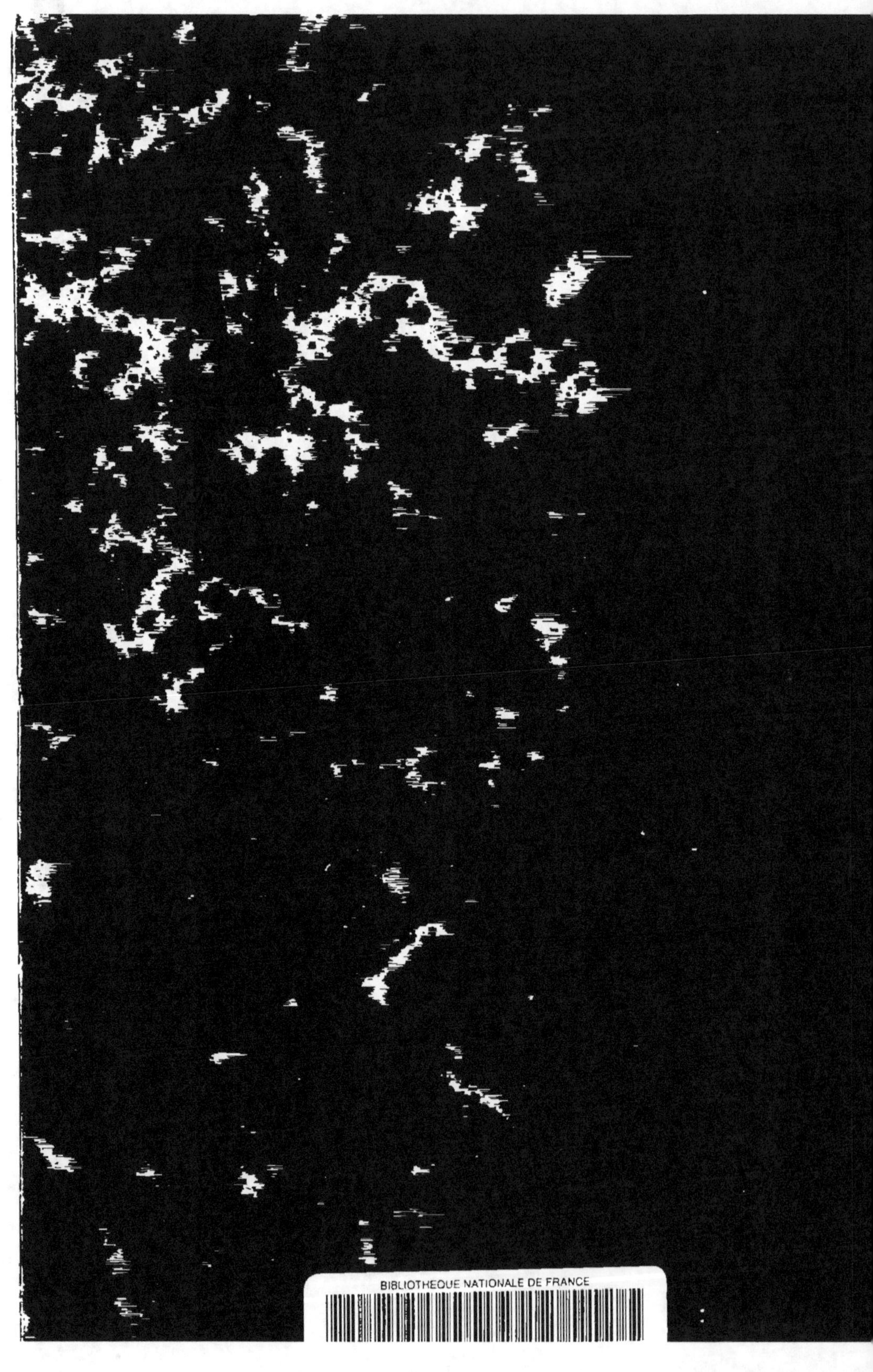

BIBLIOTHEQUE NATIONALE DE FRANCE